La Teoría de los Sentimientos Morales

Adam Smith

PRIMERA PARTE

DE LA PROPIEDAD DE LA ACCI ON

SECCIÓN I.

DEL SENTIDO DE LA PROPIEDAD

CAPÍTULO I

DE LA SIMPATÍA

Por más egoísta que quiera suponerse al hombre, evidentemente hay algunos elementos en su naturaleza que lo hacen interesarse en la suerte de los otros de tal modo, que la felicidad de éstos le es necesaria, aunque de ello nada obtenga, a no ser el placer de presenciarla. De esta naturaleza es la lástima o compasión, emoción que experimentamos ante la miseria ajena, ya sea cuando la vemos o cuando se nos obliga a imaginarla de modo particularmente vivido. El que con frecuencia el dolor ajeno nos haga padecer, es un hecho demasiado obvio que no requiere comprobación; porque este sentimiento, al igual que todas las demás pasiones de la naturaleza humana, en modo alguno se limita a los virtuosos y humanos, aunque posiblemente sean éstos los que lo experimenten con la más exquisita sensibilidad. El mayor malhechor, el más endurecido transgresor de las leyes de la sociedad, no carece del todo de ese sentimiento.

Como no tenemos la experiencia inmediata de lo que otros hombres sienten, solamente nos es posible hacernos cargo del modo en que están afectados, concibiendo lo que nosotros sentiríamos en una situación semejante. Aunque sea nuestro hermano el que esté en el potro, mientras nosotros en persona

3

la pasamos sin pena, nuestros sentidos jamás podrán instruirnos sobre lo que él sufre. Nunca nos llevan, ni pueden, más allá de nuestra propia persona, y sólo por medio de la imaginación nos es posible concebir cuáles sean sus sensaciones. Ni, tampoco, puede esta facultad auxiliarnos en ese sentido de otro modo que no sea representándonos las propias sensaciones si nos encontrásemos en su lugar. Nuestra imaginación tan sólo reproduce las impresiones de nuestros propios sentidos, no las ajenas. Por medio de la imaginación, nos ponemos en el lugar del otro, concebimos estar sufriendo los mismos tormentos, entramos, como quien dice, en su cuerpo, y, en cierta medida, nos convertimos en una misma persona, de allí nos formamos una idea de sus sensaciones, y aun sentimos algo que, si bien en menor grado, no es del todo desemejante a ellas. Su angustia incorporada así en nosotros, adoptada y hecha nuestra, comienza por fin a afectarnos, y entonces temblamos y nos estremecemos con sólo pensar en lo que está sintiendo. Porque, así como estar sufriendo un dolor o una pena cualquiera provoca la más excesiva desazón, del mismo modo concebir o imaginar que estamos en el caso, provoca en cierto grado la misma emoción, proporcionada a la vivacidad u opacidad con que lo hemos imaginado.

Que tal sea el origen de nuestra condolencia (fellow feeling), por la desventura ajena; que el ponerse imaginativamente en el lugar del paciente sea la manera en que llegamos a concebir, o bien a resultar afectados, por lo que él siente, podría demostrarse con múltiples observaciones obvias, si no fuera porque creemos que es algo de suyo suficientemente evidente. Cuando vemos que un espadazo está a punto de caer sobre la pierna o brazo de otra persona, instintivamente encogemos y

4

retiramos nuestra pierna o brazo; y cuando se descarga el golpe, lo sentimos hasta cierto punto, y también a nosotros nos lastima. La gentuza, al contemplar al cirquero en la cuerda floja, instintivamente encoge y retuerce y balancea su propio cuerpo, a la manera que lo hace el cirquero y tal como cree que debería hacer si se encontrase en su lugar.

Las personas sensibles y de débil constitución se quejan de que, al contemplar las llagas y úlceras que exhiben los mendigos en las calles, con facilidad sienten una comezón o inquietud en los lugares correspondientes de su propio cuerpo. El horror que conciben a la vista de la miseria de esos desgraciados, afecta más que en otro lugar esas partes de su cuerpo, porque ese horror se origina al concebir lo que ellos sufrirían si realmente fuesen los infelices que contemplan y si esas partes de su cuerpo estuviesen en realidad aquejadas del mismo desdichado padecimiento. Dada su frágil naturaleza, basta la fuerza de esta concepción para que se produzca esa comezón o inquietud de que se quejan. Los hombres de la más robusta complexión advierten que, al ver ojos enfermos o irritados, con frecuencia sienten una muy perceptible irritación en los propios, que obedece a la misma razón, pues aun en los hombres más vigorosos ese órgano es más delicado que cualquier otra parte del cuerpo del hombre más endeble.

Mas no son sólo estas circunstancias, incitadoras al dolor y al sufrimiento, las que provocan nuestra condolencia. Cualquiera que sea la pasión que proceda de un objeto, en la persona primariamente inquietada, brota una emoción análoga en el pecho de todo atento espectador con sólo pensar en la situación de aquéllas. Nuestro regocijo por la salvación de los héroes que nos interesan en las tragedias o novelas, es tan sincero, como nuestra aflicción por su dolor, y nuestra condolencia por su desventura no es menos cierta que la complacencia por su felicidad. Nos aunamos en su reconocimiento hacia aquellos amigos leales que no los desampararon en sus tribulaciones; y de buena gana los acompañamos en el resentimiento contra aquellos traidores pérfidos que los agraviaron, los abandonaron o engañaron. En todas las pasiones de que el alma humana es susceptible, las emociones del espectador corresponden siempre a lo que, haciendo suyo el caso, se imagina serían los afectos del que las sufre.

La lástima y la compasión son términos que con propiedad denotan nuestra condolencia por el sufrimiento ajeno. La simpatía, si bien su acepción fue, quizá, primitivamente la misma, puede ahora, no obstante, con harta impropiedad, utilizarse para significar nuestro común interés por toda pasión cualquiera que sea.

En ocasiones, la simpatía parecerá que surge de la simple percepción de alguna emoción en otra persona. Las pasiones, en ciertos casos, parecerán trasfundidas de un hombre a otro, instantáneamente, y con prioridad a todo conocimiento de lo que las estimuló en la persona primariamente inquietada. La aflicción y el regocijo, por ejemplo, cuando se expresan manifiestamente en la apariencia y gestos de alguien, al punto afectan en cierto grado al espectador con una parecida dolorosa o agradable emoción. Un rostro risueño es, para todo el que lo ve, motivo de alegría; en tanto que un semblante triste, sólo lo es de melancolía.

Esto, no obstante, no tiene validez universal, o respecto a todas las pasiones. Hay algunas pasiones cuya expresión no excita ninguna clase de simpatía, sino que, antes de enterarnos de qué las ocasiona más bien sirven para provocar en nosotros aversión hacia ellas. La conducta violenta de un hombre encolerizado más bien propende a exasperarnos en su contra que contra sus enemigos. Pues como desconocemos los motivos que lo han provocado, nos es imposible ponernos en su caso ni concebir nada semejante a las pasiones que esos motivos excitan. Pero claramente vemos cuál es la situación de aquellos con quien está enojado, y el grado de violencia a que están expuestos de parte de tan enfurecido adversario. Propendemos, pues, a simpatizar con sus temores o resentimientos e inmediatamente estamos dispuestos a hacer causa común en contra de ese hombre de quien por lo visto esperan tanto peligro.

Si bastan las simples apariencias de la aflicción y el regocijo para inspirar en nosotros, hasta cierto punto, emociones iguales, es porque nos sugieren la idea general de alguna buena voluntad o mala ventura que ha acaecido a la persona en quien las percibimos, y tratándose de estas pasiones, esto es suficiente para que influya un poco en nosotros. Los efectos de la aflicción y del regocijo se agotan en la persona que experimenta esas emociones, cuyas manifestaciones no nos sugieren, como en el caso del resentimiento, la idea de otra persona por quien estemos ansiosos y cuyos intereses sean opuestos a los suyos. La idea general de la buena o mala ventura origina, por lo tanto, cierta ansiedad por la persona que sea objeto de ella; pero la idea general de la provocación no excita simpatía por la ira de quien ha sido provocado. Tal parece que la Naturaleza nos enseña a ser más renuentes en abrazar esta pasión y, hasta que no estemos instruidos en sus

7

motivos, a estar dispuestos más bien a hacer causa común en su contra.

Aun nuestra simpatía con la aflicción y regocijo ajenos, antes de estar avisados de sus motivos, es siempre en extremo imperfecta. Las lamentaciones que nada expresan, salvo la angustia del paciente, más bien originan curiosidad por inquirir cuál sea su situación, junto con cierta propensión a simpatizar con él, que no una verdadera simpatía que sea bien perceptible. Lo primero que preguntamos es: ¿Qué os ha acontecido?, y hasta que obtengamos la respuesta nuestra condolencia será de poca entidad, a pesar de la inquietud que sintamos por una vaga impresión de su desventura y aún más por la tortura de las conjeturas que sobre el particular nos hagamos.

En consecuencia, la simpatía no surge tanto de contemplar a la pasión, como de la situación que mueve a ésta. En ocasiones sentimos por otro una pasión de la que él mismo parece totalmente incapaz, porque, al ponernos en su lugar, esa pasión que brota en nuestro pecho se origina en la imaginación, aun cuando en la realidad no acontezca lo mismo en el suyo. Nos sonrojamos a causa de la desfachatez y grosería de otro, aunque él no dé muestras ni siquiera de sospechar la incorrección de su conducta, porque no podemos menos que sentir la vergüenza que nos embargaría caso de habernos comportado de manera tan indigna.

De todas las calamidades a que la condición moral expone al género humano, la pérdida de la razón se presenta con mucho como la más terrible, hasta para quienes sólo poseen un mínimo de humanidad, y contemplan ese último grado de la humana desdicha con más profunda conmiseración que cualquier otro. Pero el infeliz que la padece, ríe y canta quizá, y es del todo insensible a su propia miseria. La angustia que la humanidad siente, por lo tanto, en presencia de semejante espectáculo, no puede ser el reflejo de un sentimiento del paciente. La compasión en el espectador deberá necesariamente, y del todo, surgir de la consideración de lo que él en persona sentiría viéndose reducido a la misma triste situación sí, lo que quizá sea imposible, al mismo tiempo pudiera juzgarla con su actual razón y discernimiento.

¿Qué tormentos son los de una madre cuando escucha los gemidos de su hijo que en la agonía de la enfermedad no puede expresar lo que siente? En su idea de lo que está sufriendo, añade, a la verdadera impotencia, su propia consciencia de ese desamparo, y sus propios terrores a las ignoradas consecuencias de la perturbación; y de todo esto forma, para su propio dolor, la imagen más perfecta de la desdicha y congoja. El niño, sin embargo, solamente siente la inquietud del momento, que nunca puede ser excesiva. Por lo que al futuro se refiere, está perfectamente a salvo, y en su inconsciencia y falta de previsión cuenta con un antídoto contra el temor y la ansiedad, los grandes atormentadores del pecho humano, de los que en vano la razón y la filosofía intentarán defenderlo cuando llegue a ser un hombre.

Simpatizamos hasta con los muertos, y haciendo caso omiso de lo que realmente es importante en su situación —ese temeroso porvenir que les espera—, principalmente nos afectan aquellas circunstancias que impresionan nuestros sentidos, pero que en nada pueden influir en su felicidad. Es dura condición, pensamos, el estar privado de la luz del sol; permanecer incomunicado de la vida y el trato; yacer en la fría sepultura, presa de la corrupción y de los reptiles de la tierra; ya no ocupar el pensamiento de los vivos, sino ser borrado en poco tiempo de los afectos y casi de la memoria de los más caros amigos y parientes. En verdad, así nos lo imaginamos, nunca podremos sentir lo suficiente por quienes han padecido una tan espantosa calamidad. Parece que el tributo de nuestra condolencia se les debe doblemente, ahora que están en peligro de ser olvidados por todos, y por los fútiles honores que rendimos a su memoria, procuramos, para nuestra propia desdicha, mantener despierto artificialmente nuestro melancólico recuerdo de su desventura. Que nuestra simpatía sea impotente para consolarlos, parece agravar esta calamitosa situación, y pensar que todos nuestros esfuerzos son vanos y que aquello que alivia todas las otras desdichas —el remordimiento, el amor y las lamentaciones de los amigos—, no pueden confortarlos, sólo sirve para exasperar nuestro sentido de su desgracia. Sin embargo, la felicidad de los muertos, con toda seguridad, en nada resulta afectada por estas circunstancias; ni el pensamiento de tales cosas puede perturbar la profunda tranquilidad de su reposo. La idea de esa monótona e interminable melancolía que la imaginación, naturalmente, atribuye a su condición, tiene su origen en que asociamos al cambio que les ha sobrevenido nuestra consciencia de ese cambio; en que nos colocamos en su lugar, y en que alojamos, si se me permite la ex* presión, nuestras almas vivientes en sus cuerpos inanimados, de donde concebimos lo que serían nuestras emociones estando en su caso. Es a causa de este engaño de la imaginación por lo que la previsión de nuestra muerte nos resulta tan temerosa y por lo que la sola idea de esas circunstancias, que sin duda no pueden causarnos dolor, nos hacen desdichados mientras vivimos. De esto surge uno de los más importantes principios de la naturaleza humana, el pavor a la muerte, gran veneno de la felicidad, pero gran freno de la humana injusticia, que, a la vez que aflige y mortifica al individuo, defiende y protege a la sociedad.

CAPÍTULO II

DEL PLACER DE LA SIMPATÍA MUTUA

Mas sea cual fuere la causa de la simpatía, o como quiera que se provoque, nada haya que nos agrade más que advertir en el prójimo sentimientos altruistas para todas las emociones que se albergan en nuestro pecho, y nada nos subleva tanto como presenciar lo contrario. Quienes se complacen en derivar todos nuestros sentimientos de algunas sutilezas del amor propio, piensan que no se extravían cuando dan razón, según su propia doctrina, tanto de aquel placer como de este dolor. El hombre, dicen, consciente de su propia flaqueza y de la necesidad en que está respecto a la ayuda de los demás, se regocija en cuanto advierte que los otros hacen suyas sus propias pasiones, porque así se confirma en esa ayuda; pero se aflige en cuanto advierte lo contrario, porque ve afirmada su oposición. Empero, tanto el agrado como el dolor, son sentidos tan instantáneamente —y con frecuencia con motivos harto frívolos—, que parece evidente que ni el uno ni el otro pueden derivarse de ninguna dase de consideraciones egoístas de ese tipo. Un hombre se siente mortificado cuando, después de haberse esforzado por divertir a la reunión, advierte que nadie, salvo él, celebra sus bromas. Por lo contrario, la alegría de la reunión le es altamente satisfactoria, y estima esta reciprocidad de sentimientos como el más caluroso aplauso.

Tampoco parece que su placer obedezca del todo a la vivacidad con que su alegría se ve aumentada por la simpatía de los otros, ni su dolor a la desilusión que experimenta al faltarle ese placer; aunque tanto lo uno como lo otro, sin duda, cuentan en alguna medida. Cuando hemos releído un libro o poema tantas veces que ya no nos entretiene, aún puede divertirnos su lectura en compañía de otro Para éste tiene toda la gracia de lo novedoso; participamos de la sorpresa y admiración que naturalmente experimenta, pero que, por nuestra parte, somos ya incapaces de sentir. Apreciamos las ideas que van apareciendo, más bien al modo como a él se le presentan y no como nosotros las vemos, y nos divertimos por simpatía con su entretenimiento, que de esa manera alienta el nuestro. Por lo contrario, habría de incomodarnos si no le divirtiese, y ya no nos resultaría agradable la lectura. Se trata de un caso semejante. La alegría de la reunión, sin duda, aviva nuestra alegría, y sin duda, también, su silencio nos desilusiona. Mas si es cierto que esto contribuye, tanto al placer que por una parte derivamos, como al dolor que por la otra experimentamos, de ninguna manera se trata de la única causa de uno y otro; y la reciprocidad de los sentimientos ajenos con los nuestros parece ser causa de placer, y su ausencia causa de dolor, que no puede explicarse de este modo. La simpatía que mis amigos manifiestan por mi alegría, ciertamente me proporciona placer al avivar esa alegría; pero la que manifiestan por mi dolor no me podría consolar si sólo sirviese para avivarlo. Sin embargo, la simpatía aviva la alegría y alivia el dolor. Aviva la alegría dando nuevo motivo de satisfacción, y alivia el dolor insinuando al corazón la casi única sensación agradable que de momento es capaz de albergar.

Es de advertirse, en efecto, que estamos más deseosos de comunicar a nuestros amigos las pasiones desagradable, que las agradables; que de su simpatía obtenemos mayor satisfacción en el primer caso, y que en éste su ausencia nos escandaliza más que en aquél.

¿De qué modo sienten alivio los desventurados cuando han encontrado una persona a quien pueden comunicar la causa de su pena? Parece que sobre la simpatía de ésta descargan parte de sus desdichas; y no sin razón se dice que las comparte con ellos. No sólo siente una aflicción semejante a la que ellos sienten, sino que, como si hubiese absorbido una parte de la pena, lo que él experimenta parece que alivia el peso de lo qué ellos sienten Sin embargo, por el hecho de referir sus infortunios, renuevan en cierta medida su dolor. Despiertan en su memoria el recuerdo de aquellas circunstancias que motivan su aflicción. De consiguiente, sus lágrimas corren más abundantes que antes, y con facilidad se abandonan a los excesos del dolor. Mas, en todo esto, encuentran gusto, y, con toda evidencia, sienten sensible alivio, porque la dulzura de su simpatía compensa con liberalidad la amargura de ese dolor que, para provocar la simpatía, así avivaron y renovaron. Por lo contrario, el insulto más cruel con que puede ofenderse a los infortunados, es hacer poca cuenta de sus calamidades. Aparentar indiferencia ante la alegría de nuestros compañeros, no es sino falta de cortesía; pero no mostrar un semblante serio cuando nos relatan sus aflicciones, es verdadera y crasa inhumanidad.

El amor, es agradable pasión; el resentimiento, desagradable; y, en consecuencia, no estamos tan deseosos de que nuestros amigos acepten nuestras amistades como de que participen de nuestros resentimientos. Podemos perdonarles el que muestren poco interés por los favores que hemos recibido; pero nos impacientamos si permanecen indiferentes a las injurias de que hayamos sido víctimas; ni es nuestro enojo con ellos tan grande por no congratularse con nosotros, como por no simpatizar con nuestro resentimiento. Les es fácil evitar ser amigos de nuestros amigos, pero difícilmente pueden evitar ser enemigos de quienes con nosotros están distanciados. Raramente nos resentimos por su enemistad con los primeros, si bien con tal pretexto algunas veces simulamos disgusto; pero nos peleamos en serio con ellos, si viven en buena amistad con los últimos. Las pasiones agradables del amor y de la alegría son susceptibles de satisfacer y sustentan el corazón sin necesidad de un placer adicional. Las amargas y dolorosas emociones del dolor y del resentimiento requieren con más vehemencia el saludable consuelo de la simpatía.

De la misma manera que la persona a quien principalmente concierne un acontecimiento resulta agradada con nuestra simpatía y herida por falta de ella, así nosotros también, al parecer, recibimos placer cuando nos es dable simpatizar con ella y dolor en el caso contrario. Nos precipitamos no sólo a congratular al que ha triunfado, sino a condoler al afligido; y el placer que encontramos en la conversación de alguien cuyas pasiones todas son para nosotros motivo de simpatía, es algo que de sobra compensa el dolor de la pena que nos causa enterarnos de su situación. Por lo contrario, siempre resulta desagradable sentir que no podemos simpatizar con esa persona, y en lugar de recibir contento al vernos exentos del dolor que la simpatía nos procura, nos hiere caer en la cuenta de que no podemos compartir su inquietud. Cuando oímos a una persona quejarse amargamente a causa de sus desgracias, las que, sin embargo, no nos impresionan al pensarlas como si fueran nuestras, su dolor nos ofende; y, puesto que no podemos participar en él, lo calificamos de pusilanimidad y flaqueza. Por otra parte, nos produce mal humor ver en otro demasiada felicidad o, como decimos, demasiada exaltación a causa de cualquier insignificante acontecimiento venturoso. Hasta su alegría nos desplaza, y puesto que no la compartimos, la disputamos por veleidad y desatino. Hasta perdemos el humor en el caso en que una broma provoca en nuestro compañero una risa más prolongada y ruidosa de lo que a nosotros nos parece merecer; es decir, más de lo que nosotros sentimos y que podríamos celebrarla.

CAPÍTULO III

DEL MODO EN QUE JUZGAMOS ACERCA DE LA PROPIEDAD O IMPROPIEDAD DE LOS SENTIMIENTOS AJENOS POR SU ARMONÍA O DISONANCIA CON LOS NUESTROS

Cuando acontece que las pasiones de la persona a quien principalmente conciernen, se encuentran en armonía perfecta con las emociones de simpatía del espectador, por necesidad le parecerán a éste justas y decorosas, y adecuadas a sus objetos; y, por lo contrario, cuando poniéndose en el caso descubre que no coinciden con sus personales sentimientos, necesariamente habrán de parecerle injustas e impropias, e inadecuadas a los motivos que las mueven. Conceder nuestra aprobación a las pasiones ajenas como adecuadas a sus objetos, equivale, pues, a advertir que simpatizamos sin reservas con ellas; y el desaprobarlas por inadecuadas, es tanto como advertir que no simpatizamos del todo con ellas. Quien resienta las injurias que he recibido, y advierta que yo

15

las resiento precisamente del mismo modo que él, necesariamente aprueba mi resentimiento. Aquel cuya simpatía palpita al unísono con mi dolor, no podrá menos que admitir la razón de mi pena. Quien admire el mismo poema o la misma pintura, y los admire exactamente como los admiro yo, deberá, ciertamente, admitir lo bien fundado de mi admiración. Quien celebra la misma broma y ríe conmigo, difícilmente podrá negar la propiedad de mi regocijo. Por lo contrario, la persona que en esas diversas ocasiones, o bien no siente una emoción igual a la que experimento, o bien su emoción no guarda proporción a la mía, no puede evitar su desaprobación hacia mis sentimientos por la disonancia con los suyos. Si mi animosidad traspasa los límites de la indignación provocada en mi amigo; si mi aflicción excede lo que es capaz su más tierna compasión; si mi admiración es, o demasiado viva, o demasiado fría para cuadrar con la suya; si río ruidosa y cordialmente cuando él apenas sonríe, o, por lo contrario, solamente sonrío cuando él ríe desbordadamente; en todos estos casos, en el momento en que deja de considerar el objeto para observar la manera en que me afecta, según haya más o menos desproporción entre sus sentimientos y los míos, incurriré en mayor o menor grado en su desaprobación, y en todos los casos son sus propios sentimientos la norma y medida con que juzga los míos.

Conceder aprobación a las opiniones ajenas, es adoptar esas opiniones, y adoptarlas es aprobarlas. Si los mismos argumentos que te convencen, también me convencen, es que necesariamente apruebo tu convicción; y si no me convencen, necesariamente es que no la apruebo; mas tampoco puedo concebir que haga lo uno sin lo otro. Por lo tanto, el aprobar o desaprobar las opiniones ajenas, es admitido por todos que significa, ni más ni menos, advertir el consentimiento o el disentimiento con las nuestras. Empero, tal es el mismo caso respecto a nuestra aprobación o desaprobación de los sentimientos o pasiones de los otros.

Hay, ciertamente, algunos casos en que tal parece que concedemos nuestra aprobación sin simpatía o sin correspondencia de sentimientos, y en los que, por consiguiente, el sentimiento aprobatorio aparece como algo diferente de la percepción de esa coincidencia. Sin embargo, una ligera reflexión nos convencerá de que, aun en estos casos, nuestra aprobación se funda, en última instancia, en una simpatía o correspondencia de esa naturaleza. Pondré un ejemplo valiéndome de cosas muy frívolas, porque en ellas los juicios de los hombres corren menos riesgo de haberse extraviado por la aplicación de sistemas erróneos. Es frecuente que aprobemos una broma y admitamos que el regocijo de la reunión queda debidamente justificado, aunque nosotros no la celebremos, ya porque, quizá, estemos de mal humor, ya por estar distraídos con otros objetos. La experiencia, sin embargo, nos ha enseñado la clase de chiste que normalmente es capaz de hacernos reír, y advertimos que éste es de ésos. Aprobamos, por lo tanto, el regocijo de la reunión y consideramos que es natural y adecuado a su objeto; porque, si bien en el momento nuestro humor no nos permite participar, sentimos que normalmente nos habríamos regocijado con los demás.

Lo mismo acontece respecto a todas las otras pasiones. Nos encontramos en la calle con un desconocido que muestra las huellas de la más profunda aflicción, e inmediatamente se nos informa que acaba de recibir la noticia de la muerte de su padre. Es imposible, en el caso, no aprobar su pena. Sin embargo, puede acontecer frecuentemente, sin defecto de humanidad por nuestra parte, que, lejos de participar en la vehemencia de su dolor, apenas percibamos los incipientes impulsos de deferencia hacia él. Tanto él como su padre, quizá, nos son totalmente desconocidos; y bien puede suceder que estemos ocupados en otras cosas y no dejemos tiempo para que en la imaginación se forme el cuadro de las diversas circunstancias dolorosas que por necesidad le ocurren. La experiencia, sin embargo, nos ha enseñado que pareja desgracia, naturalmente, provoca semejantes extremos de dolor, y sabemos que, de permitirnos reflexionar cabalmente sobre su situación, sin duda simpatizaríamos sinceramente con él. Es la consciencia que nos formamos de esta simpatía condicional sobre lo que se funda nuestra aprobación de su dolor, aun en aquellos casos en que la simpatía no llegue a ocurrir de hecho; y las reglas generales deducidas de nuestra experiencia anterior, sobre lo que normalmente correspondería en nuestros sentimientos, impone un correctivo, en ésta como en muchas otras ocasiones, a la impropiedad de nuestras emociones del momento.

El sentimiento o afecto cordial de que procede toda acción y del que toda virtud o vicio debe depender en definitiva, puede ser considerado bajo dos aspectos diversos, o en una doble relación: primero, en relación con las causas que lo provocan o el motivo que lo ocasiona, y segundo, en relación con el fin que se propone o el efecto que tiende a producir.

En la adecuación o inadecuación, en la proporción o desproporción que el afecto mantenga respecto a la causa u objeto que lo mueve, consiste la propiedad o impropiedad, el decoro o el desgarbo de la acción consiguiente.

En la naturaleza beneficiosa o dañina de los efectos que la acción persigue o tiende a producir, consiste el mérito o demérito de la acción, y las cualidades por las que es acreedora de galardón o merecedora de castigo.

En los últimos años los filósofos han considerado principalmente la finalidad de los afectos y han concedido poca atención a la relación en que están con la causa que los mueve. Sin embargo, en la vida diaria, cuando juzgamos la conducta de alguna persona y los sentimientos que la animaron, constantemente los consideramos bajo los dos aspectos. Al censurar en otro los excesos del amor, de pesadumbre, de resentimiento, no sólo tenemos en cuenta los ruinosos efectos que tienden a producir, sino la poca ocasión que los motivó. Los méritos de la persona favorecida, decimos, no son tan grandes, su desgracia no es tan terrible, la provocación de que ha sido objeto no es tan insólita, para que se justifique una tan violenta pasión. Podríamos haber accedido, decimos; quizá hasta aprobado, la vehemencia de su emoción, si la causa guardara en algún modo cierta proporción con ella.

Cuando juzgamos de esa manera cualquier afecto para saber si está en proporción o desproporción con la causa que lo estimula, apenas es posible que utilicemos otra regla o norma que no sea nuestra correspondiente afección. Si al ponernos en el caso del otro descubrimos que los sentimientos a que da ocasión coinciden y concuerdan con los nuestros, necesariamente los aprobamos como proporcionados y adecuados a sus objetos; pero, de no ser así, necesariamente los desaprobamos como extravagantes y fuera de toda proporción.

Cada facultad de un hombre es la medida por la que juzga de la misma facultad en otro. Yo juzgo de tu vista por mi vista, de tu oído por mi oído, de tu razón por mi razón, de tu resentimiento por mi resentimiento, de tu amor por mi amor. No poseo, ni puedo poseer, otra vía para juzgar acerca de ellas.

CAPÍTULO IV

SOBRE EL MISMO ASUNTO

Nos es dable juzgar sobre la propiedad o impropiedad de los sentimientos ajenos por su concordancia o disonancia con los nuestros, en dos distintas ocasiones: o bien, primero, cuando consideramos los objetos que los estimulan sin particular relación con nosotros, ni con la persona de cuyos sentimientos juzgamos, o, segundo, cuando se les considera como afectando peculiarmente al uno o al otro.

Respecto a los objetos considerados sin particular relación con nosotros ni con la persona de cuyos sentimientos juzgamos; dondequiera que sus sentimientos coinciden completamente con los nuestros, le atribuimos las cualidades de buen gusto y discernimiento. La belleza de una llanura, la grandiosidad de una montaña, los adornos de un edificio, la expresión de una pintura, la composición de una disertación, la conducta de una tercera persona, las proporciones entre distintas cantidades y números, los múltiples aspectos que eternamente está exhibiendo la gran máquina del universo con los ocultos engranajes y resortes que los producen, todos los asuntos generales de que se ocupan la ciencia y el buen gusto, son las cosas que nosotros y nuestro compañero consideramos como desprovistas de peculiar relación respecto a los dos. Ambos las vemos desde el mismo punto de vista, y no hay motivo para la simpatía, ni para ese cambio de situación imaginario de donde brota, a fin de que se produzcan, respecto a esas cosas, la más perfecta armonía de sentimientos y afectos. Si, no obstante, con frecuencia acontece que nos afectan de distinto modo, ello obedece, o bien a los diversos grados de atención que nuestras diferentes costumbres en la vida nos permiten conceder con facilidad a las distintas partes de aquellos objetos complejos, o bien a los diversos grados de la natural perspicacia en la disposición mental a que esos objetos se dirigen.

Cuando los sentimientos de nuestro compañero coinciden con los nuestros en cosas de esta especie, que son obvias y fáciles, y respecto de las qué quizá jamás hayamos encontrado una sola persona que difiera de nosotros, aunque, sin duda, les concedemos nuestra aprobación, pensamos, sin embargo, que a causa de esos sentimientos no merece alabanza o admiración. Pero cuando no sólo coinciden con los nuestros, sino que los guían y orientan; cuando al formarlos demuestra haber considerado muchas cosas que habíamos pasado por alto, y logrado ajustarlos a las múltiples circunstancias de sus objetos, no sólo los aprobamos, sino que su insólita e inesperada sutileza y alcance asombra y sorprende, y nos parece que es en alto grado merecedor de admiración y aplauso. Porque la aprobación, exaltada por el asombro y la sorpresa, constituye ese sentimiento que con propiedad se llama admiración y del que el aplauso es la natural manifestación. El criterio de quien estima que la belleza exquisita es preferible a la más burda deformidad, o que admite que dos por dos son cuatro, ciertamente será aceptado por todo el mundo, pero con seguridad no provocará gran admiración. Es la sutileza y delicado discernimiento del hombre de buen gusto que distingue las nimias y difícilmente perceptibles diferencias de la belleza y la deformidad; es la comprensiva precisión del matemático experimentado, que desembrolla sin dificultad las más intrincadas y enredadas proporciones; es el egregio caudillo en la ciencia y en las artes, el hombre que orienta y dirige nuestros propios sentimientos, cuyo alcance y superior precisión de talento nos pasma con asombro y sorpresa, lo que provoca nuestra admiración, y él aparece condigno de nuestro aplauso; y sobre estos cimientos se fundan casi todos los encomios que se tributa a las llamadas virtudes intelectuales.

Podría pensarse que la utilidad de esas cualidades es lo primero que nos las recomienda, y, sin duda, tal consideración, cuando examinada, les comunica un nuevo valor. Sin embargo, primariamente le damos nuestra aprobación al criterio de otro hombre, no por útil, sino por justo, por exacto, porque se compadece con la verdad y la realidad; y es evidente que si le atribuimos esas cualidades, es porque descubrimos que concuerda con nuestro propio criterio. Del mismo modo, el buen gusto nos es primariamente acepto, no por útil, sino por justo, por delicado, y porque es adecuado a su objeto. La idea de la utilidad de todas las cualidades de esta especie es claramente una ocurrencia posterior y no lo que primero nos las recomienda a nuestra aprobación. Respecto a los objetos que de un modo especial nos afectan o a la persona de cuyos sentimientos juzgamos, es a la vez más difícil conservar esa armonía y concordia, y al mismo tiempo, en sumo grado más importante. Normalmente, mi compañero no considera la desgracia que me ha acaecido o la injuria de que he sido víctima, desde el mismo punto de vista en que yo las considero. Me afectan mucho más de cerca. No las contemplamos desde el mismo sitio, como acontece con una pintura, un poema o un sistema filosófico, y, por lo tanto, propendemos a ser afectados por ellas de modos muy distintos. Pero es mucho más fácil que pase por alto la falta de esos sentimientos respecto a aquellos objetos tan indiferentes que no conciernen ni a mí ni a mi compañero, que respecto a lo que tanto me interesa, como la desgracia que me ha acaecido o la injuria de que he sido víctima. Aunque tú desprecies esa pintura o ese poema o hasta ese sistema filosófico que yo admiro, hay poco riesgo de que tengamos una riña por ese motivo. Razonablemente, ninguno de los dos podemos sentir gran interés por ellos. Debieran todos ser asuntos de gran indiferencia para ambos, de tal modo que, aun teniendo opiniones opuestas, nuestros afectos puedan seguir siendo casi los mismos. Pero es cosa muy distinta respecto a aquellos objetos por los que tú o yo estamos particularmente afectados. A pesar de que tus opiniones en materias especulativas, a pesar de que tus sentimientos en materia de gusto sean muy contrarios a los míos, fácilmente podré pasar por alto esa oposición, y si tengo alguna moderación, hasta me será agradable tu conversación aun sobre esos mismos temas. Pero si careces de condolencia por la desgracia que me ha acaecido, o la que tienes no guarda proporción con la magnitud de la pena que me perturba; o si no te indignan las injurias que he sufrido, o tu indignación no guarda proporción con el resentimiento que me enajena, ya no podremos conversar sobre estos asuntos. Nos volvemos intolerables el uno respecto al otro. Yo no puedo soportar tu compañía, ni tú la mía. Te turbas ante mi vehemencia y pasión y yo me irrito ante tu fría insensibilidad y falta de sentimiento.

En tales casos, para que pueda existir una correspondencia sentimental entre el espectador y la persona afectada, el espectador deberá, ante todo, procurar, hasta donde le sea posible, colocarse en la situación del otro y hacer suyas todas las más insignificantes circunstancias aflictivas de las que probablemente ocurren al paciente. Deberá adoptar en su totalidad el caso de su compañero en todos sus más minuciosos incidentes, y esforzarse por traducir lo más fielmente posible ese cambio le situación imaginario en que su simpatía se funda.

Pero, aun después de todo esto, las emociones del espectador estarán muy propensas a quedar cortas junto a la violencia de lo que experimenta el paciente. El hombre, si bien naturalmente inclinado a la simpatía, jamás logra concebir lo que a otro le acontece, con la misma viveza pasional que anima a la persona afectada. El cambio imaginario de situación en que se funda la simpatía es sólo momentáneo. El pensamiento de la propia seguridad, la idea de no ser en realidad el paciente, constantemente se hace presente, y, aunque no impide concebir una pasión en cierta manera análoga a la que experimenta el paciente, estorba el concebirlo con el mismo grado de vehemencia. La persona afectada percibe esto, pero al mismo tiempo desea apasionadamente una simpatía más completa. Anhela el alivio que sólo una entera concordancia de afectos de los espectadores y suyos puede depararle. Ver que las emociones de sus corazones palpitan al compás de la propia violenta y desagradable pasión, es lo único en que cifra su consuelo. Pero solamente puede alcanzar esto rebajando su pasión al límite, hasta donde sean capaces de llegar con él los espectadores. Debería, si se me permite la expresión, matizar la agudeza de su tono, a fin de armonizarla y concordarla con las emociones de quienes lo rodean. Lo que ellos sienten, jamás será igual a lo que él siente, y la compasión nunca puede ser idéntica a la pena primitiva, porque la secreta convicción de que el cambio de situación, que origina el sentimiento de simpatía, es imaginario, no sólo rebaja el grado, sino que, en cierta medida, varía la especie, haciéndola sensiblemente distinta. Sin embargo, es evidente que los dos sentimientos mantienen una correspondencia mutua, suficiente para conservar la armonía en la sociedad. Aunque jamás serán unísonos, pueden ser concordantes, y esto es todo lo que hace falta y se requiere.

Tero, a fin de que pueda producirse esa concordia, la naturaleza enseña a la persona afectada a asumir hasta cierto punto las circunstancias de los espectadores, del mismo modo que enseña a éstos a asumir las de aquélla. Así como los espectadores constantemente se ponen en la situación del paciente para poder concebir emociones semejantes a las de éste, así el paciente constantemente se pone en la de aquéllos para concebir cierta frialdad con que miran su suerte. Del mismo modo que ellos están en constante consideración sobre lo que sentirían si fuesen en realidad pacientes, así él procede constantemente a imaginar el modo en que resultaría afectado si fuera uno de los espectadores de su propia situación. Así como la simpatía los obliga a ver esa situación hasta cierto punto por sus ojos, así su simpatía lo obliga a considerarla, hasta cierto punto, por los de ellos, y muy particularmente estando en su presencia y obrando bajo su inspección. Y como la pasión reflejada, así concebida por él, es mucho más débil que la original, necesariamente disminuye la violencia de lo que sentía antes de estar en presencia de los espectadores, antes de que se hiciera cargo del modo en que ellos resultarían afectados y antes de que considerase su propia situación bajo esta luz cándida e imparcial.

La mente, pues, raramente está tan perturbada que la compañía de un amigo no le restituya cierto grado de tranquilidad y sosiego. El pecho, hasta cierto punto, se calma y serena en el momento en que estamos en su presencia. Inmediatamente se nos hace presente la manera en que considerará nuestra situación, y por nuestra parte comenzamos a considerarla del mismo modo, porque el efecto de la simpatía es instantáneo. Esperamos menos simpatía de un simple conocido que de un amigo. No es posible explayarnos con aquél, poniéndolo al tanto de todas aquellas pequeñas circunstancias que solamente al amigo podemos revelar; de ahí que, ante el conocido, asumimos más tranquilidad y pugnamos por fijar nuestro pensamiento en aquellos perfiles generales de nuestra situación, que él esté anuente a considerar. Aún menos simpatía esperamos de una reunión de desconocidos, y, por lo tanto, asumimos ante ella aún mayor tranquilidad y también pugnamos por rebajar nuestra pasión al nivel a que esa reunión en que estamos sea capaz de seguirnos en nuestra emoción. Y no es que se trate de una apariencia fingida, porque si realmente somos dueños de nosotros mismos, la sola presencia de un conocido nos sosegará en verdad, aún más que la presencia de un amigo, y la de una reunión de desconocidos todavía más que la de un conocido.

La sociedad y la conversación, pues, son los remedios más poderosos para restituir la tranquilidad a la mente, si en algún momento, desgraciadamente, la ha perdido; y también son la mejor salvaguardia de ese uniforme y feliz humor que tan necesario es para la satisfacción interna y la alegría. Los hombres retraídos y abstraídos que propenden a quedarse en casa empollando las penas o el resentimiento, aunque sea frecuente que estén dotados de más humanidad, más generosidad y de un sentido más pulcro del honor, sin embargo, rara vez poseen esa uniformidad de humor tan común entre los hombres de mundo.

CAPÍTULO V

DE LAS VIRTUDES AFABLES Y RESPETABLES

SOBRE ESTAS dos especies de esfuerzo, el del espectador por hacer suyos los sentimientos de la persona afectada y el de ésta por rebajar sus emociones al límite hasta donde sea capaz de llegar con él el espectador, se fundan dos distintos grupos de virtudes. Las tiernas, apacibles y amables virtudes, las virtudes de cándida condescendencia y de humana indulgencia, están fundadas en uno de ellos; las grandes, reverenciales y respetables, las virtudes de negación de sí mismo, de dominio propio, aquéllas que se refieren a la subyugación de las pasiones, que sujetan todos los movimientos de nuestra naturaleza a lo que piden la dignidad, el honor y el decoro de nuestra conducta, se originan en el otro.

¡Cuán amable nos parece aquél cuyo corazón, lleno de simpatía, refleja todos los sentimientos de aquellos con quien conversa, que se duele de sus calamidades, que resiente las injurias que han recibido y se alegra con motivo de la buena suerte que los alcanza! Cuando hacemos nuestra la situación de sus compañeros, participamos en la gratitud que experimentan, e imaginamos el consuelo que necesariamente reciben a causa de la tierna simpatía de un tan afectuoso amigo. Y, por lo contrario, ¡cuán desagradable se muestra aquel cuyo inflexible y obcecado corazón sólo siente para sí, pero es del todo insensible a la felicidad o desgracia ajenas! También en este caso participamos del dolor que su sola presencia acarrea a quienquiera que con él conversa, y especialmente a aquellos con quienes estamos más dispuestos a simpatizar, los desventurados y agraviados.

Por otra parte ¡qué noble decoro y donaire en la conducta de quienes, en su propio caso, logran ese recogimiento y dominio que constituyen la dignidad de toda pasión y que la rebajan al límite hasta donde los demás pueden participar en ella! Nos repugna ese dolor vociferante que, sin miramiento, hace un llamado a nuestra compasión por medio de suspiros y lágrimas y lamentos inoportunos. Pero veneramos ese pesar reservado, callado y majestuoso, que sólo se revela en la hinchazón de los ojos, en el tremor de los labios y mejillas y en la distante, pero conmovedora frialdad del comportamiento. Nos obliga a guardar igual silencio. Los observamos con respetuosa atención y vigilamos con ansiosa preocupación nuestra propia conducta, no sea que por alguna falta perturbemos esa concertada tranquilidad, que tan enorme esfuerzo requiere para mantenerse.

Y, del mismo modo, la insolencia y brutalidad de la ira, cuando damos rienda suelta a la furia, sin imponerle freno o restricción, es de todas las cosas la más detestable. Pero admiramos ese noble y generoso resentimiento que gobierna la secuencia de las más grandes injurias, no por la rabia que propenden a excitar en el pecho del agraviado, sino por la indignación que producen en el espectador imparcial; la que impide que se escape toda palabra, todo además excesivo para lo que ese más equitativo sentimiento dicta, y que jamás, ni aun en pensamiento, intenta mayor venganza, ni desea la inflicción de un mayor castigo de aquel cuya ejecución toda persona indiferente vería con agrado.

Y de ahí resulta que sentir mucho por los otros y poco por sí mismo, restringir los impulsos egoístas y dejarse dominar por los afectos benevolentes constituye la perfección de la humana naturaleza; y sólo así puede darse en la Humanidad esa armonía de sentimientos y pasiones en que consiste todo su donaire y decoro. Y así como amar a nuestro prójimo como nos amamos a nosotros mismos es el gran principio cristiano, así el gran precepto de la naturaleza es tan sólo amarse a sí mismo como amamos a nuestro prójimo, o, lo que es lo mismo, como nuestro prójimo es capaz de amarnos.

Del mismo modo que el buen gusto y el discernimiento, entendidos como cualidades condignas de encomio y admiración, se supone que implican delicadeza de sentimientos y perspicacia de entendimiento nada usuales, así las virtudes de sensibilidad y de dominio sobre sí mismo no se concibe que consistan en los grados normales, sino en los grados poco comunes de aquellas cualidades. La afable virtud de humanidad requiere, seguramente, una sensibilidad que con mucho sobrepase lo poseído por el grueso de la vulgaridad de los hombres. La grande y eminente virtud de la magnanimidad, sin duda exige mucho más que los grados de dominio sobre sí mismo de que es capaz el más débil de los mortales. Así como en los grados usuales de las cualidades intelectuales no hay talento, así en los grados comunes de las morales no hay virtud. La virtud es excelencia, algo excepcionalmente grande y bello, que se eleva muy por encima de lo vulgar y corriente. Las virtudes afables consisten en ese grado de sensibilidad que nos sorprende por su exquisita e insólita delicadeza y ternura; las reverenciales y respetables, en ese grado del dominio de sí mismo que pasma por su asombrosa superioridad sobre las más rebeldes pasiones de la naturaleza humana.

Hay a este respecto una diferencia considerable entre la virtud y el mero decoro; entre aquellas cualidades y acciones que son dignas de la admiración y el aplauso, y aquéllas que simplemente merecen nuestra aprobación. En muchas ocasiones, obrar con todo decoro no requiere más que el común y corriente grado de sensibilidad o dominio de sí mismo que es patrimonio hasta de los más despreciables hombres, y algunas veces ni eso es necesario. Así —para poner un ejemplo muy modesto—, comer cuando tenemos hambre, es, ciertamente, en circunstancias ordinarias, algo que es perfectamente correcto y debido, y no puede menos que ser aprobado como tal por todo el mundo. Nada, sin embargo, sería más absurdo que decir que fuera virtuoso.

Por lo contrario, es frecuente que haya un considerable grado de virtud en aquellos actos que están lejos del más perfecto decoro, porque es posible que se aproximen a la perfección más de lo que podría suponerse en circunstancias en que alcanzarla fuese en extremo difícil, y tal vez es el caso muy frecuente en ocasiones en que hace falta un muy enérgico esfuerzo de dominio propio. Hay situaciones que pesan tanto sobre la naturaleza humana, que el mayor grado de dominio propio a que puede aspirar una tan imperfecta criatura como es el hombre, no basta para acallar del todo la voz de la flaqueza humana, ni aminorar la violencia de las pasiones hasta ese tono de moderación en que el espectador imparcial pueda compartirlas. Aunque en estos casos, por lo tanto, el comportamiento del paciente no alcance el más perfecto decoro, puede de todos modos ser digno de aplauso, y hasta en cierto sentido puede reputarse virtuoso. Bien puede aún ser muestra de un esfuerzo generoso y magnánimo del que la mayoría de los hombres sean incapaces, y aun cuando no llegue a la perfección absoluta, se aproxima más a la perfección de lo que en semejantes circunstancias difíciles es común encontrar o esperar.

En estos casos, cuando ponderamos el grado de reproche o aplauso que pueda corresponder a un acto, es muy frecuente que echemos manos de dos distintas normas. La primera es la idea que nos formamos de la más cabal propiedad y perfección que, en esas difíciles situaciones, jamás ha alcanzado ni puede alcanzar la conducta humana; y al comparar con ella las acciones comunes de los hombres, aparecerán siempre reprochables e imperfectas. La segunda £s la idea que tenemos del grado de propincuidad o alejamiento de esa completa perfección, usualmente alcanzado en las acciones de la mayoría de los hombres. Todo aquello que exceda de ese grado, pese a la distancia a que pueda estar de la perfección absoluta, nos parecerá digno de aplauso, y aquello que se quede corto, digno de censura.

De esa manera es como juzgamos los productos de todas las artes que se dirigen a la imaginación. Cuando un crítico examina la obra de cualquiera de los grandes maestros de la poesía o de la pintura, algunas veces lo hace mediante la imagen que se ha formado de la perfección, al que ni esa ni ninguna otra obra humana puede llegar; y mientras la compare con ese modelo ideal, solamente descubrirá en ella faltas e imperfecciones. Pero cuando llegue a considerar el lugar que le corresponde entre las demás obras de la misma especie, por necesidad aplicará en la comparación una muy distinta norma, o sea el grado de excelencia comúnmente alcanzado en ese arte; y cuando juzga la obra por esta nueva medida, puede muy bien aparecer como merecedora del más ruidoso aplauso, toda vez que se aproxima más a la perfección que la mayoría de las demás obras que puedan ponerse en competencia con ella.

SECCIÓN II.

DE LOS GRADOS DE LAS DISTINTAS PASIONES

QUE SON COMPATIBLES CON EL DECORO

INTRODUCCIÓN

El decoro de toda pasión movida por objetos que guardan una peculiar relación con nosotros, el grado a que el espectador pueda acompañarnos, deberá descansar, evidentemente, en una cierta medianía. Si la pasión es demasiado vehemente o demasiado apocada no puede participar en ella. El dolor y el sentimiento causados por desgracias y agravios particulares, por ejemplo, fácilmente son demasiado vehementes, y así acontece para la mayoría de los hombres. Pueden también, aunque sea más raro, ser demasiado apocados. Al exceso lo llamamos flaqueza y frenesí, y al defecto, estupidez, insensibilidad y carencia de espíritu. En ninguno de los dos podemos tomar parte, pero el verlos nos asombra y confunde.

Sin embargo, esa medianía en que radica la propiedad y decencia es distinta en las distintas pasiones. En algunas es elevada, de poca altura en otras.

Hay algunas pasiones en las que resulta indecente la vehemencia de sus expresiones, aun en aquellos casos en que es aceptado que no podemos dejar de sentirlas con gran violencia; y hay otras cuyas más impetuosas manifestaciones son en más de una ocasión en extremo agraciadas, aun cuando las pasiones en sí no lleguen necesariamente a esa altura. Son las primeras, aquellas pasiones con las que, por algún motivo, hay poca o ninguna simpatía; las segundas son aquellas que, por otras causas, la inspiran grandemente. Y si nos ponemos a considerar toda la diversidad de las pasiones de la naturaleza humana, descubriremos que se las reputa decentes o indecentes, en justa proporción a la mayor o menor disposición que tenga la humanidad a simpatizar con ellas.

CAPÍTULO IV

DE LAS PASIONES SOCIALES

ASÍ COMO una simpatía unilateral es lo que hace, en la mayoría de las ocasiones, que todo el repertorio de pasiones que acaban de mencionarse sean poco agraciadas y desagradables, así hay otro repertorio opuesto, para el que una simpatía compartida hace que por lo general sean particularmente agradables y propias. La generosidad, la humanidad, la benevolencia, la compasión, la mutua amistad y el aprecio, todos los sentimientos sociales y benévolos, cuando se manifiestan en el semblante o comportamiento, hasta hacia aquellos con quienes no tenemos relaciones especiales, casi siempre agradan al espectador indiferente. Su simpatía por la persona que experimenta esas pasiones coincide exactamente con su cuidado por la persona objeto de ellas. El interés que como hombre debe tener por la felicidad de esta última, aviva su simpatía con los sentimientos de la otra persona cuyas emociones se ocupan del mismo objeto. Tenemos siempre, por lo tanto, la más fuerte inclinación a simpatizar con los afectos benévolos. Por todos motivos se nos presentan como agradables. Compartimos la satisfacción, tanto de la persona que los experimenta como de la persona que es objeto de ellos. Porque, así como ser objeto del odio e indignación procura más dolor que todos los males que de sus enemigos pueda temer un hombre denodado; así hay una satisfacción en saberse amado, lo cual, para una persona de delicada sensibilidad, es de mayor importancia para la felicidad que todas las ventajas que pudiera esperar de ello. ¿Hay, acaso, carácter más detestable que el de quien se goza en sembrar la discordia entre los amigos, y convertir su más tierno amor en odio mortal? Y sin embargo, ¿en qué consiste la atrocidad de tan aborrecible agravio?

¿Acaso en haberlos privado de los frívolos buenos oficios, que, de haber continuado su amistad, podían esperar el uno del otro? Consiste en privarlos de la amistad misma, en haberles robado su mutuo afecto de donde ambos obtenían tanta satisfacción; consiste en perturbar la armonía de sus corazones, y en haber puesto fin a ese feliz comercio que hasta entonces subsistía entre ellos. Ese afecto, esa armonía, ese comercio, son percibidos no solamente por los sensibles y delicados, sino aun por los hombres más groseros y vulgares, como algo de más importancia para la felicidad que todos los pequeños servicios que pueden esperarse de ellos.

El sentimiento del amor es en sí agradable a la persona que lo experimenta. Alivia y sosiega el pecho, bien parece que favorece los movimientos vitales y estimula la saludable condición de la constitución humana; y hácese aún más delicioso con la conciencia de la gratitud y satisfacción que necesariamente debe provocar en quien es objeto de él. Su mutuo miramiento los hace felices el uno en el otro, y la simpatía, con ese mutuo miramiento, los hace agradables a todas las demás personas.

SEGUNDA PARTE

DEL MERITO Y EL DEMERITO, 0 DE LOS OBJETOS DE RECOMPENSA Y CASTIGO

SECCIÓN I.

DEL SENTIDO DEL MERITO Y DEMERITO

CAPÍTULO I

QUE TODO LO QUE PARECE SER OBJETO PROPIO DE LA GRATITUD, PARECE MERECER RECOMPENSA; Y QUE, DEL MISMO MODO, TODO LO QUE PARECE SER OBJETO PROPIO DE RESENTIMIENTO, PARECE MERECER CASTIGO

A nosotros nos aparecerá, pues, como merecedor de recompensa, aquel acto que se ofrezca como el objeto propio y aceptado de ese sentimiento que más inmediata y directamente nos incita a la recompensa, o sea a hacerle bien a otro. Y del mismo modo, aparecerá como merecedor de castigo aquel acto que se ofrezca como objeto propio y aceptado de ese sentimiento que más inmediata y directamente nos incita al castigo, o sea a infligirle un daño a otro.

El sentimiento que más inmediata y directamente nos incita a la recompensa es la gratitud; el que más inmediata y directamente nos incita al castigo, es el resentimiento.

A nosotros nos aparecerá, pues, como merecedor de recompensa aquel acto que se ofrezca como el objeto propio y aceptado de la gratitud; así como, por la otra parte, aparecerá como merecedor de castigo aquel acto que se ofrezca como el objeto propio y aceptado del resentimiento.

Recompensar es remunerar, devolver el bien por el bien que se ha recibido. Castigar es, también, recompensar, remunerar, aunque de distinto modo; es devolver el mal por el mal que se ha hecho.

Hay otras pasiones, además de la gratitud y del resentimiento, que hacen interesarnos en la felicidad o desgracia ajenas; pero no hay ninguna que, de un modo tan directo, nos mueva a convertirnos en instrumento de una u otra. El amor y estimación producidos por el trato y la habitual aceptación mutua, forzosamente nos llevan a regocijarnos de la buena suerte de quien es objeto de tan agradables emociones, y, en consecuencia, a prestarnos voluntariamente a tomar parte en su fomento. Nuestro amor, sin embargo, está plenamente satisfecho, aunque la buena suerte le venga sin nuestro auxilio. Esta pasión no conoce más deseo que el de verlo feliz, independientemente del autor de su prosperidad. Pero la gratitud no queda satisfecha de la misma manera. Si alguien hace feliz a la persona con quien estamos muy obligados, sin nuestra intervención, aunque esto agrade nuestro amor, no por eso queda satisfecha nuestra gratitud. Hasta que la hayamos recompensado, hasta que hayamos sido instrumentos en el fomento de su felicidad, nos sentimos aún cargados con esa deuda que sus pasados servicios nos ha impuesto.

Y, del mismo modo, el odio y la aversión producidos por la habitual reprobación, con frecuencia pueden conducirnos a sentir un maligno regocijo por la desgracia de ese hombre cuyo comportamiento y carácter produce en nosotros una tan dolorosa pasión. Mas, aunque la aversión y el odio nos impiden toda simpatía y a veces hasta nos predisponen a regocijarnos de la aflicción ajena, sin embargo, no habiendo resentimiento —si ni nosotros ni nuestros amigos han sido en lo personal grandemente provocados—, estas pasiones no nos llevarán, naturalmente, a desear el convertirnos en agentes activos de esa aflicción.

Pero, con el resentimiento, la cosa es muy otra: si la persona que nos infirió un gran agravio porque, por ejemplo, asesinó a nuestro padre o hermano, muriese al poco tiempo de una fiebre, o aun fuese ejecutada a cuenta de algún otro crimen, aunque esto bien pudiera aliviar nuestro odio, no daría plena satisfacción a nuestro resentimiento. El resentimiento nos incitaría a desear, no sólo el castigo, sino que el castigo procediese de nosotros y a cuenta precisamente del agravio de que fuimos víctimas. El resentimiento no se satisface plenamente, a no ser que el ofensor no sólo padezca a su vez, sino que padezca a causa de ese específico agravio que por su culpa sufrimos nosotros. Es necesario que se arrepienta y lamente precisamente de ese acto, a fin de que otros, temerosos de hacerse acreedores a un castigo semejante, se aterroricen de incurrir en igual culpa. La natural satisfacción de esta pasión tiende por cuenta propia a producir las finalidades políticas del castigo: la regeneración del criminal y la ejemplaridad para el público.

La gratitud y el resentimiento son, por lo tanto, los sentimientos que más inmediata y directamente incitan a la recompensa y al castigo. Así, pues, nos aparecerá como merecedor de recompensa, quien aparezca como el objeto propio y acepto de gratitud; y como merecedor de castigo, quien lo sea de resentimiento.

CAPÍTULO II

DE LOS OBJETOS PROPIOS DE GRATITUD RESENTIMIENTO

Ser el objeto propio y acepto de gratitud, o bien de resentimiento, no puede significar sino ser objeto de aquella gratitud, y de ese resentimiento que, naturalmente, parece el decoroso y aceptable.

Pero éstas, al igual que todas las demás pasiones de la naturaleza humana, parecen decorosas y aceptadas cuando en el corazón de todo espectador imparcial hay simpatía por ellas, cuando todo circunstante indiferente participa de ellas y las comparte.

Por lo tanto, aparecerá como merecedor de recompensa quien para una persona o personas resulte ser objeto de una gratitud que todo corazón humano esté dispuesto a experimentar, y, por lo tanto, a aplaudir; y, por otra parte, aparecerá como merecedor de castigo quien, del mismo modo, sea para una persona o personas el natural objeto de un resentimiento que el pecho de todo hombre razonable está dispuesto a albergar y a otorgarle su simpatía. A nosotros, sin duda, nos parecerá merecedor de recompensa aquel acto que todos los que lo conocen desearían recompensar, y por ello se alegran de ver premiado; y con la misma seguridad aparecerá digno de castigo aquel acto que enoja a todos los que de él tienen noticia, y por tal motivo les causa regocijo ver su castigo.

1. Así como simpatizamos con la alegría de nuestros compañeros cuando prosperan, así nos aunamos a la complacencia y satisfacción con que, naturalmente, juzgan aquello que es causa de su ventura. Nos entramos en el amor y afecto que por ella conciben, y también empezamos a amarla. Nos causaría pena por su bien si fuese destruida, y hasta si estuviese demasiado distante y fuera del alcance de sus cuidados y protección, aun cuando nada perdiese por su ausencia, salvo el placer de contemplarla. Si es un ente humano el que de ese modo ha sido afortunado instrumento de la felicidad de sus prójimos, el caso es aún más agudo. Cuando vemos que un hombre es socorrido, protegido y remediado por otro, nuestra simpatía con la felicidad de la persona así beneficiada sólo sirve para animar nuestra participación en el sentimiento de gratitud que experimenta hacia el benefactor. Cuando miramos a la persona causante de esa felicidad con los ojos con que imaginamos debe mirarla el otro, el benefactor se nos presenta bajo la más atractiva y amable de las luces. Por lo tanto, prontamente simpatizamos con el agradecido afecto que siente por esa persona con quien

está tan obligado, y, en consecuencia, aplaudimos las concesiones que está dispuesto a hacer en devolución de los buenos oficios de que ha sido objeto. Como compartimos sin reserva el afecto que originan esas concesiones, forzosamente se nos figuran muy propias y adecuadas a su objeto.

2. Del mismo modo, así como simpatizamos con la pena de nuestro prójimo cuando presenciamos su aflicción, así también compartimos su aborrecimiento y aversión hacia lo que la motiva. Nuestro corazón, que prohija y palpita al unísono con su pena, también se siente animado por ese espíritu con que pugna por alejar o destruir lo que la ha causado.

La indolente y pasiva condolencia con que lo acompañamos en sus sufrimientos, prontamente se torna en ese más enérgico y activo sentimiento con que participamos en su esfuerzo por ahuyentarlos, o por satisfacer su aversión hacia lo que los ha ocasionado. El caso es mucho más agudo cuando es un ente humano el causante del sufrimiento. Cuando vemos que un hombre es oprimido o agraviado por otro, la simpatía que experimentamos por la aflicción del paciente, tal parece que sólo sirve para animar nuestra condolencia por el resentimiento que tiene hacia el ofensor. Nos regocija verlo agredir a su vez a su adversario, y estamos ansiosos y prontos a concederle nuestro apoyo en su esfuerzo por defenderse, o, dentro de cierto grado, hasta por vengarse. Si por acaso el agraviado pereciese en la reyerta, no sólo simpatizamos con el positivo resentimiento de sus amigos y parientes, sino con el imaginario resentimiento que en nuestra fantasía diputamos al muerto, quien ya no es capaz de sentir ni de experimentar ninguna otra sensación humana.

Los tormentos que se supone obsesionan el sueño del asesino, los fantasmas que la superstición imagina salidos de los sepulcros para exigir la venganza sobre quienes le acarrearon un prematuro fin, todo ello obedece a esa natural simpatía con el resentimiento imaginario de la víctima. Y, por lo menos, respecto a éste, el más execrable de todos los crímenes, la Naturaleza, con prioridad a toda consideración sobre la utilidad del castigo, ha grabado de ese modo en el corazón humano, con caracteres profundos e indelebles, la inmediata e instintiva aprobación de la sagrada y necesaria ley del desagravio.

CAPÍTULO III

QUE DONDE NO HAY APROBACIÓN DE LA CONDUCTA DE LA PERSONA QUE CONFIERE UN BENEFICIO, HAY ESCASA SIMPATÍA CON LA GRATITUD DE QUIEN LO RECIBE; Y QUE, POR LO CONTRARIO, DONDE NO HAY REPROBACIÓN DE LOS MOTIVOS DE LA PERSONA QUE HACE EL DAÑO, NO HAY NINGUNA ESPECIE DE SIMPATÍA CON EL RESENTIMIENTO DE QUIEN LO SUFRE

Es de advertirse, sin embargo, que no obstante todo lo benéfico, por una parte, o todo lo dañoso, por la otra, que los actos o intenciones de la persona que actúa puedan haber sido para la otra persona sobre quien (si se me permite la expresión) se obra, si, en el primer caso, parece que no hubo propiedad en los motivos del agente, y no podemos compartir los afectos que movieron su conducta, tendremos escasa simpatía con la gratitud de la persona que recibe el beneficio. O si, en el otro caso, parece que no hubo impropiedad en los motivos del agente, y, por el contrario, los afectos que

41

movieron su conducta son tales que forzosamente compartimos, no tendremos ninguna simpatía con el resentimiento de la persona que lo sufre. En el primer caso, parece que es poca la gratitud debida, y todo resentimiento parece injusto en el otro. Uno de los actos parece merecer poca recompensa; el otro, ameritar ningún castigo.

1. Primero, digo que allí donde no podamos simpatizar con los afectos del agente, donde parezca que no hay propiedad en los motivos que movieron su conducta, estamos menos dispuestos a compartir la gratitud de la persona que recibió el beneficio de sus actos. Nos parece que una muy escasa correspondencia se debe a esa insensata y pródiga generosidad, que acarrea los mayores beneficios a causa de los más triviales motivos, y concede una posición a un hombre, simplemente porque acontece que su nombre y apellido son los mismos que los del donador. Servicios de esa clase no parece que exijan una recompensa proporcionada. Nuestro despreció por la insensatez del agente, estorba compartir plenamente la gratitud de la persona beneficiada. Su benefactor nos parece indigno de ese sentimiento. Como al ponernos en el lugar de la persona a quien ha sido hecho el favor sentimos que no podríamos concebir gran veneración por tal benefactor, fácilmente la eximimos de ese sumiso respeto y estimación que nos parecerían debidos a una persona mejor acreditada, y con tal de que siempre trate a sus menos encumbrados amigos con bondad y humanidad, estamos dispuestos a perdonarle la falta de múltiples atenciones y consideraciones que exigiríamos tratándose de un protector más digno. Aquellos príncipes que con la mayor profusión han colmado de riquezas, poder y honores a sus favoritos, pocas veces han provocado ese grado de adhesión a

sus personas, que con frecuencia han disfrutado otros que fueron más parcos en sus favores. La bien intencionada, pero poco juiciosa, prodigalidad de Jacobo I de Gran Bretaña, al parecer no atrajo a nadie a su persona, y este príncipe, a pesar de su índole sociable e inocua, por lo visto vivió y murió sin un solo amigo. La clase media toda y la nobleza entera de Inglaterra expusieron la vida y hacienda en la causa de su más moderado y célebre hijo, no obstante la frialdad y distante gravedad de su porte habitual.

2. Segundo, digo que allí donde la conducta del agente parece que obedece del todo a motivos y afectos que compartimos plenamente y aprobamos, no nos es posible tener simpatía con el resentimiento del paciente, no obstante lo crecido que pueda ser el daño que se le haya causado. Cuando dos gentes disputan, si hacemos causa común y adoptamos el resentimiento de una de ellas, es imposible compartir el de la otra. Nuestra simpatía con la persona cuyos motivos prohijamos y que, por lo tanto, pensamos están en lo justo, no puede menos que endurecernos contra todo sentimiento favorable a la otra, a quien por necesidad hemos de considerar como del lado de la sinrazón. Por eso, todo lo que ésta haya sufrido, siempre que no exceda de lo que según nuestro deseo debía sufrir y siempre que no exceda de lo que nuestra indignación por simpatía nos incitara a infligirle, no puede ni desagradarnos ni provocarnos. Cuando un asesino inhumano es llevado al cadalso, aunque sentimos alguna compasión por su desgracia, no podemos tener ninguna simpatía por su resentimiento, caso de que fuera tan absurdo de expresarlo respecto de su acusador o su juez. La natural tendencia de la justa indignación de éstos contra un tan vil criminal es ciertamente de lo más fatal y ruinoso para él. Pero sería

imposible que nos desagradase la tendencia de un sentimiento que, poniéndonos en el caso, experimentamos como inevitable en nosotros mismos.

CAPÍTULO IV

RECAPITULACIÓN DE LOS CAPÍTULOS PRECEDENTES

1. Por lo tanto, no simpatizamos plena y cordialmente con la gratitud de un hombre hacia otro, simplemente porque ha sido el causante de su buena suerte, a no ser que participemos de los motivos que para ello lo impulsaron. Hácese necesario que nuestro corazón prohijé las razones del agente y lo acompañe en los afectos que influyeron en su conducta, antes de que pueda por entero simpatizar y latir a compás con la gratitud de la persona beneficiada por sus actos. Si la conducta del benefactor no aparece como apropiada, pese a lo benéfico de sus efectos, no exige, ni forzosamente requiere, una recompensa proporcionada a ellos.

Empero, cuando a la tendencia benéfica de la acción se une la propiedad del afecto de que procede, cuando por entero simpatizamos y compartimos los motivos del agente, el amor que concebimos por él en cuanto tal, acrecienta y aviva nuestra simpatía por la gratitud de quienes le deben la prosperidad a su buen proceder. Tal parece que sus acciones exigen, y, puede decirse claman, por una proporcionada recompensa. Nosotros entonces compartimos sin reserva aquella gratitud que impulsa a otorgarla. Es entonces, al simpatizar de ese modo y al aprobar el sentimiento que impulsa a la recompensa, cuando a nuestros ojos el benefactor aparece como adecuado objeto de galardón. Al aprobar y compartir el afecto de donde procede un acto, necesariamente aprobamos el acto, y consideramos que la persona hacia quien aquél va dirigido es su apropiado y adecuado objeto.

CAPÍTULO V

EL ANALISIS DEL SENTIDO DEL MERITO

Y DEL DEMERITO

1. Por lo tanto, así como nuestro sentido de lo apropiado de la conducta surge de lo que llamaré simpatía directa con los afectos y motivos de la persona que obra, así nuestro sentido de su merecimiento surge de lo que llamaré una simpatía indirecta con la gratitud de la persona sobre quien, valga la expresión, se obra.

Como nos es imposible, en verdad, compartir plenamente la gratitud de la persona que recibe el beneficio, a no ser que de antemano aprobemos los motivos del benefactor, así a causa de esto, el sentido de merecimiento resulta ser un sentimiento compuesto, integrado por dos distintas emociones: una simpatía directa con los sentimientos del agente, y una simpatía indirecta con la gratitud de quienes reciben el beneficio de sus actos.

En muchas ocasiones fácilmente podemos distinguir esas dos distintas emociones, combinándose y uniéndose en nuestro sentido del mérito de un individuo o de una acción en particular. Cuando leemos en la historia acerca de ciertos actos de justa y benéfica grandeza de ánimo, ¡cuán ansiosamente compartimos tales propósitos!, ¡cómo nos alienta esa animosa generosidad que los orienta!, ¡cuán deseosos estamos por su feliz éxito!, ¡cuán dolidos por su fracaso! En la imaginación nos convertimos en la persona cuyos actos se nos relatan: nuestra fantasía nos transporta a los lugares en que acontecieron aquellas lejanas y olvidadas aventuras, y nos figuramos que desempeñamos el papel de un Escipión o de un Camilo, de un Timoleón o de un Arístides. Pero, hasta aquí, nuestros sentimientos se fundan en la simpatía directa con la persona que actúa. Mas la simpatía indirecta con quienes resultan beneficiados, no es menos sentida por nosotros. Al ponernos en la situación de éstos, ¡cuán ardorosa y afectuosamente compartimos su gratitud hacia quienes les sirvieron de un modo tan esencial! Abrazamos, como quien dice, juntamente con ellos a su benefactor. Nuestro corazón está pronto a simpatizar con los más exagerados arrebatos de su agradecimiento. Pensamos que no hay bastantes honores ni galardón que ellos puedan conferirle, y cuando así recompensan sus servicios, cordialmente aplaudimos y participamos en su sentimiento; pero nos escandalizan excesivamente, si por su comportamiento, demuestran tener poco sentido de la obligación en que se hallan. En resumen, nuestro sentido del mérito de tales actos, de la conveniencia y justicia de premiarlos y de hacer que la persona que los ejecutó, a su vez reciba agrado, surge de esas emociones de simpatía que son la gratitud y el amor, con las que, al hacer nuestra la situación de la persona principalmente afectada, nos sentimos naturalmente transportados hacia ese hombre que fue capaz de obrar con tan pertinente y noble beneficencia.

2. Del mismo modo, como nuestro sentido de la impropiedad del comportamiento surge de la falta de simpatía, o de una directa antipatía hacia los afectos y motivos del agente, así nuestro sentido del demérito surge de lo que aquí también

llamaré una simpatía indirecta con el resentimiento del paciente.

Como, ciertamente, nos es imposible compartir el resentimiento del paciente, a no ser que el corazón de antemano desapruebe los motivos del agente y renuncie a toda simpatía con ellos, así, por tal motivo, el sentido del demérito, y también el del mérito, parecen ser un sentimiento compuesto, integrado por dos distintas emociones: una antipatía directa con los sentimientos del agente y una simpatía indirecta con el resentimiento del paciente.

Nota.— El atribuir de ese modo nuestro natural sentido del demérito de las acciones humanas a una simpatía con el resentimiento del paciente, quizá parezca a la mayoría de las gentes una degradación de ese sentimiento. El resentimiento es comúnmente considerado como una pasión tan odiosa, que las gentes se sentirán inclinadas a pensar que es imposible que un principio tan laudable como lo es el sentido del demérito del vicio, esté de algún modo fundado en él. Pero quizá estarán mejor dispuestas a aceptar que nuestro sentido del mérito de las buenas acciones se funda en la simpatía con la gratitud de las personas por ella beneficiadas, y ello, porque la gratitud, así como todas las demás pasiones benévolas, se considera como un principio afable que en nada puede menoscabar el valor de lo que se funda en él. Sin embargo, la gratitud y el resentimiento evidentemente son, desde todo punto de vista, la contrapartida el uno de la otra; y si nuestro sentido del mérito surge de la simpatía por la una, nuestro sentido del desmerecimiento no puede menos que originarse de la complacencia por el otro.

Considérese también que, si es cierto que el resentimiento en los grados en que con demasiada frecuencia lo vemos, es, quizá, la más odiosa de todas las pasiones, no por eso lo desaprobamos cuando, debidamente humillado, se rebaja al nivel de la indignación del espectador que simpatiza.

Cuando nosotros, siendo simples circunstantes, sentimos que nuestra propia animosidad corresponde en todo a la del paciente, cuando el resentimiento de éste en ningún punto excede al nuestro, cuando ni una palabra, ni un ademán se le escapa que denote una emoción más violenta que la experimentada por nosotros, y cuando en modo alguno se propone infligir un castigo que pase de los límites de aquél que a nosotros nos alegraría ver infligido, o del que nosotros, con tal motivo, aun desearíamos ser instrumentos, es imposible que dejemos de aprobar plenamente su sentimiento. En este caso, nuestra propia emoción necesariamente lo justificará ante nuestros ojos. Y como la experiencia nos enseña cuán incapaz de tal moderación es la mayoría de los hombres, y cuán grande el esfuerzo requerido para aminorar el grosero e indisciplinado impulso del resentimiento hasta esa ecuanimidad, no podemos menos que concebir en grado considerable cierta estimación y admiración hacia quien demuestra ser capaz de ejercer tanto dominio sobre una de las más rebeldes pasiones de su naturaleza. Cuando el rencor del paciente excede, como casi siempre acontece, de lo que nosotros podemos participar en él, como no lo compartimos necesariamente lo reprobamos. Hasta nuestra reprobación llega a más de lo que sería por igual exceso en cualquiera otra pasión de las derivadas de la imaginación. Y este en demasía violento resentimiento, en lugar de invitarnos a compartirlo, se convierte en sí en objeto de nuestro resentimiento e indignación. Compartimos el resentimiento contrario que es el de la persona objeto de aquella emoción injusta y que se encuentra en peligro de sufrirla. La venganza, por lo tanto, exceso de resentimiento, aparece como la más detestable de todas las pasiones y es objeto del horror e indignación de todos. Y como la manera en que esta pasión comúnmente se revela entre los hombres, es cien por una excesiva y no moderada, propendemos a considerarla del todo odiosa y detestable, porque lo es en su forma más usual. Sin embargo, la Naturaleza, aun en el actual estado depravado de la especie humana, al perecer no nos ha tratado tan despiadadamente dotándonos de algún principio que sea en su integridad y a todas luces perverso, o que, en algún grado o por algún motivo, no pueda ser objeto apropiado de encomio y aprobación. Hay ocasiones en que sentimos que esta pasión, por lo general demasiado vehemente, puede asimismo ser demasiado débil. A veces nos lamentamos porque determinada persona muestra poco espíritu y tiene un sentido demasiado apocado de las injurias de que ha sido víctima, y tan pronto estamos a despreciarla por el defecto como a odiarla por el exceso de esta pasión.

Seguramente quienes escribieron por inspiración divina no habrían hablado, ni con tanta frecuencia ni tan expresamente, de la ira y enojo de Dios, si hubiesen considerado, aun para una tan imperfecta y débil criatura como es el hombre, que en todos los grados esas pasiones eran malignas y perversas.

Adviértase también que la presente investigación no se ocupa de una cuestión de derecho, por decirlo así, sino de una cuestión de hecho. No estamos examinando por ahora sobre qué principios aprobaría un ente perfecto el castigo de las malas acciones, sino sobre qué principios lo aprueba de hecho una criatura tan débil e imperfecta como es el hombre. Es evidente que los principios que acabo de mencionar tienen un efecto muy considerable sobre sus sentimientos, y parece sabiamente ordenado que así sea. La existencia misma de la sociedad requiere que la inmerecida y no provocada malignidad quede restringida por adecuados castigos y, por consecuencia, que la inflicción de tales castigos sea considerada como una acción conveniente y laudable. Aunque el hombre, por lo tanto, esté naturalmente dotado del deseo de bienestar y conservación de la sociedad, sin embargo, el Autor de la Naturaleza no ha confiado a su razón descubrir que una cierta aplicación punitiva constituye el medio adecuado para alcanzar ese fin; sino que lo ha dotado de una inmediata e instintiva aprobación de la aplicación precisa que sea más adecuada para alcanzarlo. A este respecto, la economía de la Naturaleza es exactamente de una pieza, como lo es en muchas otras ocasiones. Con respecto a todos aquellos fines que, vista su peculiar importancia, pueden considerarse —si se permite la expresión— como los fines favoritos de la Naturaleza, ella siempre ha dotado a los hombres, no sólo con un apetito para la finalidad que se propone, sino asimismo con un apetito para los únicos medios por los que esa finalidad puede realizarse, a causa de esos mismos medios e independientemente de su tendencia a producir el fin. Así acontece con la propia conservación, con la propagación de las especies y con las grandes finalidades que al parecer se ha propuesto la Naturaleza al formar todas las especies animales. Los hombres están dotados de un deseo hacia esos fines y de la aversión por lo contrario; de un amor a la vida y de un temor a la muerte; de un deseo por la continuación y perpetuación de la especie y de una aversión a la idea de su total extinción. Pero, aunque así dotados de ese muy fuerte deseo por ver la realización de tales fines, no les ha sido confiado a los lentos e inseguros juicios de nuestra razón el descubrir los medios adecuados para ello. La Naturaleza, en la casi totalidad de estos casos, nos ha orientado con instintos primarios e inmediatos. El hambre, la sed, la pasión que une a los sexos, el amor al placer y el temor al dolor, nos incitan a aplicar estos medios por sí mismos, independientemente de toda consideración sobre su tendencia a realizar aquellos benéficos fines que el gran Director de la Naturaleza se propuso conseguir por ellos.

Antes de poner fin a esta nota, debo advertir la diferencia que hay entre la aprobación de lo que es apropiado y la de lo meritorio o benéfico. Antes de conceder nuestra aprobación a los sentimientos de alguien como convenientes y adecuados a sus objetos, no sólo debemos sentirnos afectados del mismo modo que él, sino que debemos tener consciencia de la armonía y correspondencia entre sus sentimientos y los nuestros. Y así, cuando con ocasión de enterarme de la desgracia acaecida a un amigo, debiera experimentar precisamente ese mismo grado de aflicción a que él se abandona; sin embargo, hasta que no esté informado de su comportamiento, hasta que no me dé cuenta de la armonía entre sus emociones y las mías, no puede decirse de mí que apruebe los sentimientos que norman su conducta. Por tanto, la aprobación de la conveniencia de los sentimientos requiere, no solamente que simpaticemos del todo con la persona actuante, sino que sea perceptible la concordancia entre sus sentimientos y los nuestros. Por lo contrario, cuando tengo noticia de un beneficio con que ha sido agraciada una persona, sea cual fuere el modo que ello afecte al beneficiado, si, haciendo mío el caso, siento surgir la gratitud en mi propio pecho, es forzoso que apruebe la conducta de su benefactor considerándola como meritoria y digna de recompensa. El que la persona beneficiada conciba gratitud o no, no puede, evidentemente, en grado alguno, alterar nuestros sentimientos hacia la persona de donde procede el beneficio. Aquí, pues, no se requiere una correspondencia de sentimientos; basta imaginar que de haber sido agradecido, nuestros sentimientos y los suyos habrían correspondido, y por eso nuestro sentido del mérito frecuentemente se funda en una de esas simpatías ilusorias, por las que, cuando hacemos nuestro el caso de otro, a menudo resultamos afectados de un modo como el principal interesado es incapaz de afectarse. Pareja diferencia existe entre nuestra reprobación del demerito, y la de la impropiedad.

TERCERA PARTE

DEL FUNDAMENTO DE NUESTROS JUICIOS RESPECTO DE NUESTROS PROPIOS SENTIMIENTOS Y CONDUCTA Y DEL SENTIDO DEL DEBER

CAPÍTULO I

DEL PRINCIPIO DE LA APROBACIÓN

REPROBACIÓN DE SÍ MISMO

En las dos partes precedentes de esta disertación he considerado principalmente el origen y fundamentación de nuestros juicios respecto de los sentimientos y conducta ajenos. Paso ahora a considerar con más particularidad el origen de aquellos respecto de los nuestros.

El principio por el cual aprobamos o reprobamos naturalmente nuestra propia conducta, parece ser en tocio el mismo por el cual nos formamos parecidos juicios respecto de la conducta de las demás gentes. Aprobamos o reprobamos la conducta de otro, según que sintamos que, al hacer nuestro su caso, nos es posible o no simpatizar cabalmente con los sentimientos y motivos que la normaron. Y, del mismo modo, aprobamos o reprobamos nuestra propia conducta, según que sintamos que, al ponernos en el lugar de otro y como quien dice mirar con su ojos, y desde su punto de vista, nos es posible o no, simpatizar cabalmente con los sentimientos y motivos que la determinaron. No podemos nunca inspeccionar nuestros propios sentimientos y motivos; no podemos nunca formar juicio alguno respecto de ellos, a no ser que nos salgamos de nuestro natural asiento, y procuremos visualizarlos como si estuviesen a cierta distancia de nosotros. Mas la única manera como podemos hacer esto es intentando contemplarlos a través de los ojos de otras gentes, o, mejor dicho, al modo en que otras gentes probablemente los verían. Todo juicio que nos formemos sobre ellos, de consiguiente, necesariamente deberá guardar alguna secreta relación, ya sea con lo que son o con lo que —bajo ciertas condiciones— serían, o con lo que imaginamos debieran ser los juicio de los otros. Pugnamos por examinar la conducta propia al modo que imaginamos lo haría cualquier espectador honrado e imparcial. Si, poniéndonos en su lugar, logramos concienzudamente penetrar en todas las pasiones y motivos que la determinaron, la aprobamos, por simpatía con el sentimiento aprobatorio de ese supuesto tan equitativo juez. Si, por el contrario, participamos de su reprobación, es que la condenamos.

De ser posible que un hombre viviese en algún lugar solitario hasta llegar a la edad viril, sin que tuviese comunicación alguna con otros hombres, tan imposible le sería pensar en su propia índole, en la propiedad o el demérito de sus sentimientos y de su conducta, en la belleza o deformidad de su propia mente como en la belleza o deformidad de su propio rostro. Todos éstos son objetos que no puede fácilmente ver, que naturalmente no mira y respecto de los que carece de espejo que sirva para presentárselos a su vista. Incorporadlo a la sociedad, e inmediatamente estará provisto del espejo de que antes carecía. Es colocado frente al juicio y comportamiento de aquellos con quienes vive —que siempre registran cuando comparten o reprueban sus sentimientos—, es ahí donde por primera vez verá la conveniencia o inconveniencia de sus propias pasiones, la belleza o deformidad de su propia mente. Para un hombre que desde su nacimiento fuese extraño a la sociedad, los objetos de sus pasiones, los cuerpos externos que le agradasen o molestasen ocuparían el total de su atención. Las pasiones mismas, los deseos y las aversiones, los goces y los pesares que tales objeto excitasen, aun cuando fueran, de todas las cosas, lo más inmediatamente presente para él, difícilmente serían objeto de sus reflexiones. El pensar en ellos nunca podría interesarle lo bastante como para ocupar su atenta consideración. La consideración de su alegría no podría excitar internamente una nueva alegría, ni la de su aflicción una nueva aflicción, aun cuando la consideración de las causas de esas pasiones puede muy a menudo excitar ambas. Incorporadlo a la sociedad, y todas sus pasiones se convertirán inmediatamente en causas de nuevas pasiones. Advertirá que los hombres aprueban algunas y repugnan otras. En un caso se sentirá exaltado, deprimido en el otro; sus deseos y aversiones, sus alegrías y pesares, con frecuencia se convertirán en causa de nuevos deseos y nuevas aversiones, nuevas alegrías y nuevos pesares, y por ello, ahora le interesarán profundamente y con frecuencia ocuparán su más atenta consideración.

Las primeras ideas sobre la belleza y deformidad de las personas las sacamos de la figura y apariencia de los otros, no de las nuestras. Sin embargo, pronto advertimos que los otros también se forman un juicio de esa naturaleza acerca de nosotros. Nos complace que nuestra figura les agrade y nos desplace cuando les disgusta. Ansiamos saber hasta qué punto nuestra apariencia merece su censura o bien su aprobación. Examinamos miembro por miembro nuestra persona, y colocándonos ante un espejo o por otro medio semejante, procuramos, hasta donde es posible, contemplarlos a distancia y con ojos ajenos. Si después de esta inspección quedamos satisfechos con nuestra apariencia, nos es más fácil soportar los juicios más adversos de los otros; si, por lo contrario, tenemos conciencia de que somos el natural objeto de la aversión, toda muestra de su desaprobación nos causa una mortificación sin límites. Un hombre que sea medianamente hermoso permitirá que se rían de cualquier insignificante deformación de su persona; pero tales bromas resultan comúnmente insoportables para quien realmente es deformado. De todos modos, lo que es evidente es que nuestra propia belleza o deformidad nos preocupan solamente a causa de sus efectos sobre los otros. De estar completamente desligados de la sociedad, ambas cosas nos serían totalmente indiferentes.

Del mismo modo, nuestros primeros juicios morales se refieren a la índole y conducta de los otros, y con gran desenvoltura observamos la manera cómo la una y la otra nos afectan. Pero pronto aprendemos que las demás gentes se toman iguales libertades respecto de nosotros. Ansiamos saber hasta qué punto merecemos su censura o bien su aplauso, y si ante ellas necesariamente aparecemos tan agradables o desagradables como ellas ante nosotros. Comenzamos, pues, a examinar nuestras propias pasiones y conducta, y a considerar lo que puedan parecer pensando lo que a nosotros nos parecerían si estuviésemos en su lugar. Fingimos ser espectadores de nuestro propio comportamiento, y procuramos imaginar el efecto que, bajo esta luz, produciría sobre nosotros. Tal es el único espejo con el que, en cierta medida, podemos a través de los ojos ajenos escudriñar la conveniencia de nuestra conducta. Si desde este punto de vista no nos desagrada, quedamos pasaderamente satisfechos. Podemos ser más indiferentes respecto del aplauso y, en cierta medida, despreciar la censura de todo el mundo, con tal de que estemos convencidos de ser, por mucho que se nos malentienda o malinterprete, el natural y adecuado objeto de aprobación. Por lo contrario, si carecemos de ese convencimiento, a menudo y precisamente por ese motivo estamos más ansiosos de obtener la aprobación ajena, y a condición de que, como se dice, no hayamos estrechado la mano a la infamia, nos pone fuera de nosotros mismos la sola idea de la censura de los otros, que de este modo nos hiere con redoblado rigor.

Cuando me esfuerzo por examinar mi propia conducta, cuando me esfuerzo por pronunciar sentencia sobre ella, ya sea para aprobarla o para condenarla, es evidente que, en tales casos, es como si me dividiera en dos distintas personas, y que yo, el examinador y juez, encarno un hombre distinto al otro yo, la persona cuya conducta se examina y juzga. El primero es el espectador, de cuyos sentimientos respecto a mi conducta procuro hacerme partícipe, poniéndome en su lugar y considerando lo que a mí me parecería si la examinara desde ese punto de vista. El segundo es el agente, la persona que con propiedad designo como a mí mismo, y de cuya conducta trataba de formarme una opinión, como si fuese la de un espectador. El primero es el juez, el segundo la persona de quien se juzga. Pero que el juez sea, en todo y por todo, el mismo que la persona de quien se juzga, es algo tan imposible como que la causa fuese en todo y por todo lo mismo que el efecto.

Ser amable y ser meritoria, es decir, ser digna de amor y de recompensa, son los dos grandes rasgos de la virtud; y ser odioso y acreedor al castigo, lo son del vicio. Pero estos rasgos tienen una inmediata referencia a los sentimientos ajenos. De la virtud no se dice que es amable o meritoria, porque sea el objeto de su propio amor o de su propia gratitud, sino porque provoca dichos sentimientos en los otros hombres. La conciencia de saberse objeto de tan favorable consideración, es lo que origina esa tranquilidad interior y propia satisfacción con que naturalmente va acompañada, así como la sospecha de lo contrario, ocasiona los tormentos del vicio. ¿Qué mayor felicidad que la de ser amado, y saber que merecemos el amor? ¿Qué mayor desdicha que la de ser odiado, y saber que merecemos el odio?

CAPÍTULO IV

SOBRE LA NATURALEZA DEL ENGAÑO DE SI MISMO, Y DEL ORIGEN Y UTILIDAD DE LAS REGLAS GENERALES

DOS SON las ocasiones en que examinamos la propia conducta y nos esforzamos por verla a la luz con que el imparcial espectador la vería. Primero, cuando estamos a punto de actuar; segundo, después de haber actuado. En ambos casos es muy fácil que nuestros juicios sean parciales; pero mucho más propenderán a serlo cuando más importa que sean dé otro modo.

Cuando estamos a punto de actuar, la avidez de la pasión raramente nos permitirá considerar lo que hacemos con el desapasionamiento de una persona indiferente. Las emociones violentas que en esos momentos nos agitan, nublan nuestros juicios sobre las cosas, aun cuando nos esforcemos por ocupar el lugar de otro y considerar los objetos de nuestro interés a la luz en que él naturalmente los consideraría. El ímpetu de nuestras pasiones nos hace volver repetidamente a nuestro propio sitio, donde a causa del amor propio, todo aparece amplificado y desfigurado. Del modo como aquellos objetos serían vistos por otra persona, de los juicios que sobre ellos se formaría, solamente podemos ofrecer, si se nos permite la expresión, atisbos fugaces que en un momento desaparecen y que, aun mientras perduran, no son del todo justos. No nos es posible, ni por esos momentos, despojarnos completamente del calor y vehemencia que nos inspira nuestra peculiar situación, ni tampoco considerar con la imparcialidad de un juez recto lo que estamos a punto de hacer. Por este motivo las pasiones, como dice el P. Malebranche, siempre se justifican a sí mismas, y parecen razonables y proporcionadas a sus objetos mientras continuemos experimentándolas.

Una vez agotada la acción y una vez que las pasiones que la instigaron se han apaciguado, podemos, ciertamente, penetrar con mayor frialdad los sentimientos del espectador indiferente. Lo que antes tanto nos interesó, se ha convertido en algo tan indiferente para nosotros como siempre lo fue para él, y podemos entonces examinar nuestra conducta con su mismo desapasionamiento e imparcialidad. El hombre de hoy ya no está agitado por las mismas pasiones que perturbaron al hombre de ayer; y no bien ha pasado el paroxismo de la emoción —así como el paroxismo de la aflicción— cuando, como quien dice, podemos ya identificarnos con ese hombre ideal que el pecho encierra, y, por nuestra cuenta, ver, así como en un caso nuestra situación, en el otro, nuestra conducta, con la severa mirada del más imparcial espectador. Mas ahora nuestros juicios son por lo general de escasa importancia en comparación con lo que antes fueron, y con frecuencia no acarrean sino vanos remordimientos e inútil compunción, sin que esto nos asegure de no incurrir en iguales errores en lo porvenir.

Así son de parciales los juicios de los hombres en lo que se refiere a la conveniencia de su propia conducta, tanto en el momento de actuar como después; y así de difícil es que la juzguen a la luz bajo la que cualquier espectador indiferente la consideraría. Pero si fuese por una facultad especial, tal como se supone que es el sentido moral, por la que juzgasen de su propia conducta, si estuviesen dotados de un especial poder de percepción que sirviese para distinguir entre la belleza y la deformidad de las pasiones y afectos, como sus propias pasiones estarían más inmediatamente expuestas a la vista de esa facultad, resultaría que las juzgaría con más precisión que las de los otros hombres, de las que sólo tendría una más lejana perspectiva.

Este engaño de sí mismo, esta fatal flaqueza de los hombres, es causa de más de la mitad de los desórdenes de la vida humana. Si pudiéramos vernos al modo que nos ven los otros o al modo como nos verían si lo supieran todo, sería inevitable una reforma general. De otro modo no podríamos sostener la lucha.

Sin embargo, la Naturaleza no ha dejado esa humana flaqueza, que es de tanta importancia, sin algún remedio, y tampoco nos ha abandonado por completo a los engaños del amor propio. Nuestra constante observación de la conducta ajena, insensiblemente nos lleva a la formación de ciertas reglas generales relativas a lo que es debido y conveniente ya sea hacer o evitar. Algunas acciones de los otros escandalizan todos nuestros sentimientos naturales. Advertimos que todos los que nos rodean manifiestan igual aversión por tales actos. Esto, de nuevo confirma y hasta agrava nuestro natural sentido de su deformidad. Quedamos satisfechos de haberlos juzgado de un modo conveniente cuando advertimos que las otras gentes los juzgan del mismo modo. Tomamos la resolución de no hacernos culpables de semejantes actos, ni, de ese modo, convertirnos jamás, por ningún motivo, en objeto de universal reprobación. De esta manera es como naturalmente nos proponemos la regla general de que todos los tales actos deben evitarse en cuanto que tienden a hacernos odiosos despreciables o acreedores al castigo, y objeto de todos aquellos sentimientos que nos inspiran el mayor temor y aversión. Otros actos, por lo contrario, provocan nuestra aprobación, y de todos cuantos nos rodean oímos la misma favorable opinión respecto a ellos. Todo el mundo está deseoso de honrarlos y premiarlos. Estimulan todos aquellos sentimientos que por naturaleza más deseamos: el amor, la gratitud, la admiración del prójimo. Surge en nosotros la ambición de emularlos, y así es como naturalmente sentamos una regla general distinta: que toda oportunidad de obrar de ese modo debe cuidadosamente buscarse.

Así es como se forman las reglas generales de la moralidad. Están en última instancia fundadas en la experiencia de lo que, en casos particulares, aprueban o reprueban nuestras facultades morales o nuestro sentido del mérito y de la conveniencia. Originariamente no aprobamos o condenamos los actos en particular porque al examinarlos resulten estar de acuerdo o no con alguna regla general. Por lo contrario, la regla general se forma a través de la experiencia, lo cual nos descubre que se aprueban o reprueban todos los actos de determinada especie o circunstanciados en cierta manera. El hombre que por vez primera presenció un asesinato inhumano cometido por avaricia, envidia o por un injusto resentimiento, siendo la víctima alguien que amaba y confiaba en el asesino; que además contempló la postrera agonía del moribundo, y que oyó cómo con su último aliento se dolía más bien de la perfidia e ingratitud del falso amigo que de la violencia cometida en su persona; para ese espectador no habría necesidad de advertir, a fin de concebir el horror de ese acto, que una de las más sagradas reglas de conducta es la que prohíbe privar de la vida a un inocente, que en el caso hubo una flagrante violación de la regla y que, por consiguiente, se trata de una acción altamente reprobable. Es evidente que su aborrecimiento por este crimen, surgiría instantáneamente y con anterioridad a que el espectador se formulase semejante regla general. Por lo contrario, la regla general que pudiera después formularse, estaría fundada en el aborrecimiento que necesariamente sentiría en su pecho al pensar en éste y en cualquier otro caso de la misma especie.

Ciertamente, cuando ya están formadas estas reglas generales, cuando universalmente están aceptadas y establecidas por la concurrencia de los sentimientos de todos los hombres, es frecuente que apelemos a ellas como normas de juicio para determinar el grado de encomio o de reproche que merecen ciertos actos complicados o dudosos. En casos como éstos, se las cita como última fundamentación de lo que es justo e injusto en la conducta humana, y que este hecho parece haber descarriado a varios muy eminentes autores, al erigir sus sistemas bajo el supuesto de que originariamente los juicios humanos respecto al bien y al mal, se formaban como las sentencias judiciales, es decir, considerando primero la regla general y después, en segundo lugar, si el acto particular que se examina queda dentro de su comprensión.

Esas reglas generales de conducta, una vez fijadas en nuestra mente por una reflexión habitual, son de gran utilidad para corregir las tergiversaciones del amor propio, respecto a lo que adecuada y convenientemente debe hacerse en nuestra particular situación. El hombre de violento resentimiento, si escuchase los dictados de esa pasión, probablemente consideraría la muerte de su enemigo como escasa compensación del daño que se imagina haber recibido, el que, sin embargo, quizá no pase de ser una leve provocación. Pero su observación sobre la conducta de los otros le ha enseñado lo horrible que son las venganzas sanguinarias. A no ser que su educación haya sido muy especial, se ha propuesto a sí mismo, como ley inviolable, la total abstención de tales venganzas. Esta regla ejerce su autoridad sobre él y lo incapacita para hacerse culpable de esa violencia. Sin embargo, la furia de su temperamento puede ser tanta, que de haber sido ésa la primera vez que meditaba la

ejecución de tal acto, es includable que lo habria calificado de muy justa y apropiado y digno de la aprobación de todo espectador imparcial. Mas el acato a la regla que la experiencia pasada le ha inculcado, detiene la impetuosidad de su pasión y le ayuda a corregir los juicios demasiado parciales que de otro modo le habria sugerido el amor propio, respecto de lo que seria conveniente hacer en su situación.

CUARTA PARTE

DE LOS EFECTOS DE LA UTILIDAD SOBRE

EL SENTIMIENTO DE APROBACION

CAPÍTULO I

DE LA BELLEZA QUE LA APARIENCIA DE UTILIDAD CONFIERE A TODAS LAS PRODUCCIONES ARTÍSTICAS, Y DE LA GENERALIZADA INFLUENCIA DE ESTA ESPECIE DE BELLEZA

Que la utilidad es una de las principales fuentes de la belleza, es algo que ha sido observado por todo aquél que con cierta atención haya considerado lo que constituye la naturaleza de la belleza. La comodidad de una casa da placer al espectador, así como su regularidad, y asimismo le lastima advertir el defecto contrario, como cuando ve que las correspondientes ventanas son de formas distintas o que la puerta no está colocada exactamente en medio del edificio. Que la idoneidad de cualquier sistema o máquina para alcanzar el fin de su destino, le confiere cierta propiedad y belleza al todo, y hace que su sola imagen y contemplación sean agradables, es algo tan obvio que nadie lo ha dejado de advertir.

También la causa por la que nos agrada lo útil ha sido señalada en últimas fechas por un ingenioso y ameno filósofo, que aúna gran profundidad de pensamiento a la más consumada elegancia de expresión, y que posee el singular y feliz talento de tratar los asuntos más abstrusos, no solamente con la mayor lucidez, sino con la más animada elocuencia. Según él, la utilidad de cualquier objeto agrada al dueño, porque constantemente le sugiere el placer o comodidad que está destinado a procurar. Siempre que lo mira, le viene a la cabeza ese placer y de ese modo el objeto se convierte en fuente de perpetua satisfacción y goce. El espectador comparte por simpatía el sentimiento del dueño, y necesariamente considera al objeto bajo el mismo aspecto de agrado. Cuando visitamos los palacios de los encumbrados, no podemos menos que pensar en la satisfacción que nos daría ser dueños y poseedores de tan artística como ingeniosa traza de comodidades. Igual razón se da para explicar la causa de por qué la sola apariencia de incomodidad convierte a cualquier objeto en desagradable, tanto para su dueño como para el espectador.

Pero, que yo sepa, nadie antes ha reparado en que esa idoneidad, esa feliz disposición de toda producción artificiosa es con frecuencia más estimada que el fin que esos objetos están destinados a procurar; y asimismo que el exacto ajuste de los medios para obtener una comodidad o placer, es con frecuencia más apreciado que la comodidad o placer en cuyo logro parecería que consiste todo su mérito. Sin embargo, que así acontece a menudo, es algo que puede advertirse en mil casos, tanto en los más frívolos como importantes asuntos de la vida humana.

Cuando una persona entra a su recámara y encuentra que todas las sillas están en el centro del cuarto, se enoja con su criado, y antes que seguir viéndolas en ese desorden, se toma el trabajo, quizá, de colocarlas en su sitio con los respaldos contra la pared. La conveniencia de esta situación surge de la mayor comodidad de dejar el cuarto libre y sin estorbos. Para lograr esa comodidad, se impuso voluntariamente más molestias que las que le hubiera ocasionado la falta de ella, puesto que nada era más fácil que sentarse en una de las sillas, que es lo que con toda probabilidad hará una vez terminado el arreglo. Por lo tanto, parece que, en realidad, deseaba, no tanto la comodidad cuanto el arreglo de las cosas que la procuran. Y, sin embargo, es esa comodidad lo que en última instancia recomienda ese arreglo y lo que le comunica su conveniencia y belleza.

Mas no solamente respecto de cosas tan frívolas influye este principio en nuestra conducta: es muy a menudo el motivo secreto de las más serias e importantes ocupaciones de la vida, tanto privada como pública.

El hijo del desheredado, a quien el cielo castigó con la ambición, cuando comienza a mirar en torno suyo admira la condición del rico.

En su imaginación ve la vida de éste como la de un ser superior, y para alcanzarla se consagra en cuerpo y alma y por siempre a perseguir la riqueza y los honores. A fin de poder lograr las comodidades que estas cosas deparan, se sujeta durante el primer año, es más, durante el primer mes de su consagración, a mayores fatigas corporales y a mayor intranquilidad de alma que todas las que pudo sufrir durante su vida entera si no hubiese ambicionado aquéllas. Estudia, a fin de descollar en alguna ardua profesión. Con diligencia sin descanso, trabaja día y noche para adquirir merecimientos superiores a los de sus competidores. Después procura exhibir esos merecimientos a la vista pública, y con la acostumbrada asiduidad solicita toda oportunidad de empleo. Para ese fin le hace la corte a todo el mundo, sirve a los que odia y es obsequioso con los que desprecia. Durante toda su vida persigue la idea de una holgura artificiosa y galana, que quizá jamás logre, y por la que sacrifica una tranquilidad verdadera que en todo tiempo está a su alcance; holgura que, si en su más extrema senectud llega por fin a realizar, descubrirá que en modo alguno es preferible a esa humilde seguridad y contentamiento que por ella abandonó. Es hasta entonces, en los últimos trances de su vida, el cuerpo agotado por la fatiga y la enfermedad y el alma amargada con el recuerdo de mil injurias y desilusiones que se imagina proceden de la injusticia de sus enemigos o de la perfidia e ingratitud de sus amigos, cuando comienza por fin a caer en la cuenta de que las riquezas y los honores son meras chucherías de frívola utilidad, en nada más idóneas para procurar el alivio del cuerpo y la tranquilidad del alma, que puedan serlo las tenacillas de estuche del amante de fruslerías, y que, como ellas, resultan más enfadosas para la persona que las porta, que cómodas por la suma de ventajas que puedan proporcionarle.

Si examinamos, sin embargo, por qué el espectador singulariza con tanta admiración la condición de los ricos y encumbrados, descubriremos que no obedece tanto a la holgura y placer que se supone disfrutan, cuanto a los innumerables artificiosos y galanos medios de que disponen para obtener esa holgura y placer. En realidad, el espectador no piensa que gocen de mayor felicidad que las demás gentes; se imagina que son poseedores de mayor número de medios para alcanzarla. Y la principal causa de su admiración estriba en la ingeniosa y acertada adaptación de esos medios a la finalidad para que fueron creados. Pero en la postración de la enfermedad y en el hastío de la edad provecta, desaparecen los placeres de los vanos y quiméricos sueños de grandeza. Para quien se encuentre en tal situación, esos placeres no tienen ya el suficiente atractivo para recomendar los fatigosos desvelos que con anterioridad lo ocuparon. En el fondo de su alma maldice la ambición y en vano añora la despreocupación e indolencia de la juventud, placeres que insensatamente sacrificó por algo que, cuando lo posee, no le proporciona ninguna satisfacción verdadera. Tal es el lastimoso aspecto que ofrece la grandeza a todo aquel que, ya por tristeza, ya por enfermedad, se ve constreñido a observar atentamente su propia situación y a reflexionar sobre lo que, en realidad, le hace falta para ser feliz. Es entonces cuando el poder y la riqueza se ven tal como en verdad son: gigantescas y laboriosas máquinas destinadas a proporcionar unas cuantas insignificantes comodidades para el cuerpo, que consisten en resortes de lo más sutiles y delicados que deben tenerse en buen estado mediante una atención llena de ansiedades, y que, a pesar de toda nuestra solicitud, pueden en todo momento estallar en mil pedazos y aplastar entre sus ruinas a su desdichado poseedor. Son inmensos edificios que para levantarlos requieren la labor de toda una vida, y que en todo momento agobian a quien los habita y que mientras permanecen en pie, si bien pueden ahorrarle algunas de las más pequeñas incomodidades, en nada pueden protegerlo contra las más severas inclemencias de la estación. Lo defienden del chubasco veraniego, no de la borrasca invernal; pero en todo tiempo lo dejan igualmente y a veces aún más expuesto que antes, a la ansiedad, al temor y al infortunio; a las enfermedades, a los peligros y a la muerte.

Mas aunque esta melancólica filosofía, para nadie extraña en tiempos de enfermedad y desdicha, menosprecia de un modo tan absoluto esos máximos objetos del deseo humano, cuando disfrutamos, en cambio, de mejor salud o de mejor humor, entonces jamás dejamos de considerarlos bajo un aspecto más placentero. Nuestra imaginación, que mientras sufrimos un dolor o una pena parece quedar confinada y encerrada dentro de los límites de nuestra propia persona, en época de holgura y prosperidad se extiende a todo lo que nos rodea. Es entonces cuando nos fascina la belleza de las facilidades y acomodo que reina en los palacios y economía de los encumbrados, y admiramos la manera como todo concurre al fomento de su tranquilidad, a obviar sus necesidades, a complacer sus deseos y a divertir y obsequiar sus más frívolos caprichos. Si consideramos por sí sola la verdadera satisfacción que todas estas cosas son susceptibles de proporcionar, separada de la belleza de disposición calculada para suscitarla, siempre aparecerá en grado eminente despreciable e insignificante. Empero, muy raras son las veces en que la miramos bajo esta abstracta y filosófica luz. De suyo la confundimos en nuestra imaginación con el orden, con el movimiento uniforme y armonioso del sistema, con la máquina o economía por cuyo medio se produce. Los placeres de la riqueza y de los honores, considerados desde este punto de vista ficticio, hieren la imaginación como si se tratase de algo grandioso, bello y noble por cuyo logro bien vale todo el afán y desvelo que tan dispuestos estamos a emplear en ello.

CAPÍTULO II

DE LA BELLEZA QUE LA APARIENCIA DE UTILIDAD CONFIERE AL CARÁCTER Y A LOS ACTOS DE LOS HOMBRES; Y HASTA QUE PUNTO LA PERCEPCIÓN DE ESA BELLEZA DEBE CONSIDERARSE COMO UNO DE LOS PRINCIPIOS APROBATORIOS ORIGINALES

LA ÍNDOLE de los hombres, así como los artefactos o las instituciones del gobierno civil, pueden servir o para fomentar o para perturbar la felicidad, tanto del individuo como de la sociedad. El carácter prudente, equitativo, diligente, resuelto y sobrio, promete prosperidad y satisfacción, tanto para la persona como para todos los que están en relación con ella. Por el contrario, la arrebatada, la insolente, la perezosa, afeminada y voluptuosa, presagia la ruina al individuo y la desgracia a todos los que con él tengan tratos. La primera de estas maneras de ser tiene, por lo bajo, toda la belleza que pudiera adornar a la máquina más perfecta que jamás se haya inventado para el fomento del fin más deseable; la segunda, toda la deformidad del más desmañado y torpe artefacto.

¿Acaso puede existir otra institución de gobierno más adecuada para fomentar la felicidad humana que la preponderancia de la sabiduría y de la virtud? Todo gobierno no es sino un remedio imperfecto a la falta de éstas. Por tanto, la belleza que pueda corresponder al gobierno civil a causa de su utilidad, necesariamente deberá corresponder en mucho mayor grado a la sabiduría y a la virtud. Por lo contrario, ¿qué otro sistema político puede ser más ruinoso y destructivo que los vicios de los hombres? La única causa de los efectos fatales que acarrea un mal gobierno, es que no imparte suficiente protección contra los daños a que da lugar la maldad de los hombres.

La belleza y deformidad que los distintos caracteres, por lo visto, derivan de su utilidad o falta de ella, propenden a impresionar de un modo peculiar a quienes en abstracto y filosóficamente consideran los actos y la conducta de los hombres. Cuando un filósofo examina por qué los sentimientos humanitarios reciben nuestra aprobación o por qué condenamos la crueldad, no siempre forma en su mente de un modo claro y preciso el concepto de un acto en particular, ya sea de humanitarismo, ya de crueldad, sino que comúnmente se conforma con la noción vaga e indeterminada que la general designación de esas cualidades le sugiere. Sin embargo, solamente en casos específicamente determinados es donde la propiedad o impropiedad, el merecimiento o desmerecimiento de los actos resultan cosas obvias y discernibles. Únicamente cuando se dan ejemplos particulares podemos percibir con distinción la concordia o la desavenencia entre nuestros propios afectos y los del agente, o bien sentir, en un caso, que brota una gratitud de solidaridad hacia él, o de resentimiento, en el otro. Cuando consideramos a la virtud y al vicio de un modo general y abstracto, aquellas cualidades que provocan esos diversos sentimientos parece que, en buena parte, desaparecen, y los sentimientos mismos se vuelven menos obvios y discernibles. Por lo contrario, los felices efectos, en un caso, y las fatales consecuencias, en el otro, parece que se yerguen ante nuestra mirada, y como quien dice se destacan y separan de todas las demás cualidades de uno y otro.

El mismo ingenioso y ameno autor que por vez primera explicó la causa del agrado de lo útil, se ha impresionado tanto con ese modo de ver las cosas, que ha reducido todo el sentimiento aprobatorio de la virtud a la simple percepción de esa especie de belleza que resulta de la apariencia de la utilidad. Ninguna cualidad espiritual, dice, es aprobada como virtuosa, sino aquéllas que son útiles o placenteras, ya sea para la persona misma, ya para los otros, y ninguna cualidad da lugar a ser reprobada por viciosa, sino aquéllas de contraria tendencia. Y, en verdad, al parecer la Naturaleza ha ajustado tan felizmente nuestros sentimientos de aprobación y reprobación a la conveniencia tanto del individuo como de la sociedad, que, previo el más riguroso examen, se descubrirá, creo yo, que se trata de una regla universal. Sin embargo, afirmo que no es el darse cuenta de la utilidad o perniciosidad aquello en que consiste la primera o principal fuente de nuestra aprobación o reprobación. Sin duda, estos sentimientos están realzados y avivados por la percepción de la belleza o deformidad que resulta de la utilidad o perniciosidad; pero, a pesar de ello, digo que son distintos original y esencialmente de tal percepción.

Ante todo, parece imposible que la aprobación de la virtud sea un sentimiento de la misma especie que aquel por medio del cual aprobamos un cómodo y bien trazado edificio; o que no tengamos otro motivo para encomiar a alguien que no sea el mismo por el cual alabamos un armario.

En segundo lugar, si se reflexiona, se descubrirá que el provecho de cualquier disposición de ánimo rara vez constituye la primera causa de nuestra aprobación, y que el sentimiento aprobatorio siempre implica un sentido de lo propio muy distinto a la percepción de lo útil. Fácil es observar esto en relación con todas aquellas cualidades que, como virtuosas, reciben nuestra aprobación, tanto con las que conforme a esa doctrina se consideran originalmente útiles a nosotros mismos, como con las que se estiman a causa de su utilidad para los otros.

Las cualidades más útiles para nosotros son, en primer lugar, la razón en grado superior y el entendimiento, que nos capacitan para discernir las consecuencias remotas de todos nuestros actos y prever el provecho o perjuicio que con probabilidad pueda resultar de ellos; y, en segundo lugar, el dominio de sí mismo, que permite abstenernos del placer del momento o soportar el dolor de hoy, a fin de obtener un mayor placer o evitar un dolor más grande en lo futuro. En la unión de esas dos cualidades consiste la virtud de la prudencia, de todas las virtudes la más útil al individuo.

En relación a la primera de esas cualidades, ya se ha advertido antes que la razón en grado superior y el entendimiento, motivan, en cuanto tales, nuestra aprobación como cosa justa y debida y exacta, y no meramente como útil y provechosa. Es en las ciencias más abstrusas, particularmente en las altas matemáticas, donde los mayores y más admirables esfuerzos de la razón humana se han desplegado; pero el provecho de esas ciencias, para el individuo o para el público, no es obvio y requiere una demostración que no siempre es fácilmente comprendida. No fue, por tanto, su utilidad lo que primero las hizo acreedoras a la admiración pública. Poco se insistía en esa cualidad, hasta que fue forzoso contestar de algún modo los reproches de quienes, no gustando de tan sublimes especulaciones, se esforzaban en despreciarlas por inútiles.

Y del mismo modo, aprobamos el dominio de sí mismo, que sirve para refrenar nuestros apetitos presentes, a fin de poder satisfacerlos mejor en otra ocasión, tanto bajo el aspecto de propiedad, como bajo el de utilidad. Cuando obramos de ese modo, los sentimientos que dirigen nuestra conducta parece que coinciden exactamente con los del espectador. Éste no experimenta la incitación de nuestros apetitos presentes; para él, el placer que vamos a disfrutar de aquí a una semana o un año, es igualmente importante que el que vamos a disfrutar en este momento. Por lo tanto, cuando acontece que en beneficio del presente sacrificamos el futuro, nuestro comportamiento le parece absurdo y en alto grado extravagante, y queda incapacitado para compartir los principios que lo norman. Por lo contrario, cuando nos abstenemos de gozar un placer presente, a fin de asegurar un mayor placer por venir, cuando nos comportamos como si el objeto remoto nos interesase tanto como el que de un modo inmediato apremia los sentidos, como nuestros afectos corresponden exactamente a los suyos, no puede menos que aprobar nuestro comportamiento, y como sabe por experiencia que muy pocos son capaces de ese dominio de sí mismo, mira nuestra conducta con no poca extrañeza y admiración. De ahí surge esa alta estimación con que los hombres consideran naturalmente la firme perseverancia en el ejercicio de la frugalidad, industria y consagración, aunque no vaya dirigido a otro fin que la adquisición de fortuna. La denodada firmeza de la persona que así se conduce y que, para obtener una grande, aunque remota ventaja, no solamente renuncia a todo placer presente, sino soporta los mayores trabajos tanto mentales como corporales, necesariamente impone nuestra aprobación. La perspectiva de su interés y felicidad que parece ordenar su conducta, cuadra exactamente con la idea que naturalmente nos hemos formado de ella. Existe la más perfecta correspondencia entre sus sentimientos y los nuestros, y, al mismo tiempo, por lo que enseña la experiencia de la común flaqueza de la naturaleza humana, es una correspondencia que razonablemente no era de esperarse. No solamente aprobamos, pues, sino hasta cierto punto admiramos su conducta y la tenemos como merecedora de no escaso aplauso. Es precisamente la consciencia de esta merecida aprobación y estima lo único capaz de sostener al agente en la observancia de una conducta de ese estilo. El placer que hemos de disfrutar de aquí a diez años nos interesa tan poco en comparación con el que podamos saborear hoy, la pasión que el primero despierta es, naturalmente, tan débil en comparación con la violenta emoción que el segundo tiende a provocar, que jamás el uno podría compensar el otro, a no ser por el sustento de ese sentido de propiedad, de esa consciencia de merecer la estimación y aprobación de todo el mundo al conducirnos de un modo, y a no ser porque nos convertimos, al conducirnos del otro, en objetos propios de su desprecio y escarnio.

Humanidad, justicia, generosidad y espíritu público, son las cualidades de mayor utilidad para los demás. Más atrás se ha explicado en qué consiste la propiedad de la humanidad y justicia; ahí se mostró hasta qué punto nuestra estimación y aprobación de esas cualidades dependen de la conformidad entre los afectos del agente y los de los espectadores.

La propiedad de la generosidad y del espíritu público se funda en el mismo principio que en el caso de la justicia. La generosidad es distinta de la humanidad. Esas dos cualidades que a primera vista parecen tan semejantes, no siempre pertenecen a la misma persona. La humanidad es virtud propia de la mujer; la generosidad, del hombre. El bello sexo, que por lo común tiene mucha más ternura que el nuestro, rara vez tiene igual generosidad. La legislación civil sabe que las mujeres pocas veces hacen donaciones de alguna consideración [1]. La humanidad consiste meramente en el exquisito sentimiento hacia el prójimo, que el espectador abriga respecto del sentimiento de las personas principalmente afectadas, de tal modo que llora sus penas, resiente sus injurias y festeja sus éxitos. Los actos más humanos no exigen abnegación ni dominio sobre sí mismo, ni un gran esfuerzo del sentido de lo apropiado. Consisten simplemente en hacer lo que esa exquisita simpatía por sí sola nos incita a llevar a cabo. Otra cosa es la generosidad. Jamás se es generoso sino cuando de algún modo preferimos otra persona a nosotros mismos, y sacrificamos algún grande e importante interés propio a otro igual interés de un amigo o de alguien que es nuestro superior. Quien renuncia a las pretensiones a un empleo, codiciado objeto de su ambición, sólo porque se imagina que los servicios de otro le dan mejor derecho; quien expone la vida para defender la de su amigo que estima más valiosa que la suya, éstos, en ambos casos, no obran por humanidad o porque sientan con mayor exquisitez lo que toca a la otra persona que lo que a ellos concierne. Ambos consideran esos opuestos intereses, no a la luz de lo que a ellos naturalmente pueda parecerles, sino de aquélla en que a los otros aparecen. Para cualquier circunstante, el éxito o conservación de esta otra persona puede, en justicia, ser de mayor interés que el éxito o conservación suyos; pero es imposible que así sea para ellos. Por lo tanto, cuando en interés de esta otra persona sacrifican la propia, es que acomodan sus sentimientos a los del espectador, y por un esfuerzo de magnanimidad actúan de conformidad con la opinión que ellos saben deberá naturalmente ser la de un tercero cualquiera. El soldado que sacrifica su vida para salvar la de su oficial, quizá resultaría muy poco afectado por la muerte de éste si ocurriese sin culpa suya, y cualquier pequeña desgracia que le hubiese acaecido quizá hubiera provocado en él un dolor más vivo. Pero cuando se esfuerza por obrar de tal modo que merezca el aplauso y obligue al espectador imparcial a penetrar en los motivos de su conducta, siente que, para todo el mundo menos para él, su propia vida es una bagatela comparada con la de su oficial, y que al sacrificar la una por la otra, está obrando muy propiamente y conforme a lo que sería la natural comprensión de cualquier circunstante imparcial.

Y acontece lo mismo en los casos en que se hace gala de un excesivo espíritu público. Cuando un joven oficial expone la vida para aumentar los dominios de su soberano en una insignificancia, no es porque, para él, la adquisición de ese nuevo territorio sea algo más deseable que la conservación de su propia vida. Para él, su vida es infinitamente más valiosa que la conquista de un reino entero por el Estado a quien presta sus servicios. Mas al establecer la comparación entre ambas cosas, prescinde del punto de vista normal para él, y acepta el de la nación por la que está guerreando. Para ésta, es de la mayor importancia el éxito de la empresa y de poca consecuencia la muerte de un individuo particular. Cuando el oficial hace suyo este punto de vista, inmediatamente comprende que difícilmente puede ser pródigo en demasía de su propia sangre, si, derramándola, contribuye a tan alto fin. El heroísmo de su conducta consiste, debido al sentido del deber y de lo que es propio, en ahogar el más fuerte de todos los impulsos naturales. Muchos son los honrados ingleses a quienes en lo particular les dolería más la pérdida de una guinea que la pérdida de Menorca, pero que, sin embargo, mil veces preferirían, en caso de estar en su poder la defensa de esa fortaleza, sacrificar la vida antes de verla caer por su culpa en manos del enemigo. Cuando el primer Bruto condujo a sus propios hijos al cadalso porque habían conspirado contra la naciente libertad de Roma, sacrificó lo que, de haberlo consultado tan sólo consigo mismo, resultaría ser el afecto más fuerte en aras del más débil. Normalmente, Bruto debió sentir en mucho mayor grado la muerte de sus hijos que todos los posibles males que habría padecido Roma por falta de tan egregio ejemplo. Pero él los miró, no con los ojos de su padre, sino con los de un ciudadano romano. Tan estrechamente compartió los sentimientos propios de esta condición, que en nada tuvo el lazo que lo unía a sus hijos; y para un ciudadano romano, los hijos de Bruto, puestos en la balanza con el menor de los intereses públicos de Roma, resultaban cosa despreciable. En éste, como en todos los demás casos de la misma especie, nuestra admiración está fundada, no tanto en la utilidad cuanto en lo insólito, y de ahí deriva la grandiosa, noble y sublime propiedad de tales actos. Ciertamente, cuando consideramos esa utilidad comprendemos que les comunica una belleza adicional que nos los hace aún más recomendables a nuestra aprobación; pero tal belleza es principalmente perceptible a los hombres reflexivos y especulativos, y en manera alguna es la cualidad que primero recomienda esos actos a los naturales sentimientos del núcleo de los hombres.

Conviene advertir que la parte en que la aprobación obedece a la percepción de la belleza de lo útil, no tiene relación alguna con los sentimientos ajenos. Por lo tanto, si fuese factible que una persona llegase a la edad adulta en total incomunicación social, sus actos, a pesar de todo, podrían serle agradables o desagradables, según tendiesen hacia su felicidad o desventaja. Podría percibir cierta belleza de esa especie en la prudencia, en la templanza y en la buena conducta, y una deformidad en el comportamiento opuesto; podría, en un caso, considerar su propio temperamento y carácter con esa especie de satisfacción con que acostumbramos ver una bien dispuesta máquina, o, en el otro, con esa especie de disgusto e insatisfacción con que contemplamos un aparato embarazoso y torpe. Sin embargo, como estas percepciones son meramente cuestión de gusto y participan de la debilidad y fragilidad de las percepciones de esa especie —sobre cuya exactitud se funda lo que con propiedad se llama el gusto—, es muy probable que quien se encontrase en su solitaria y desdichada condición, no les prestaría gran atención. Y aun cuando se le ocurriesen, en modo alguno le afectarían de la misma manera antes de su incorporación a la sociedad que a consecuencia de esa incorporación. La sola idea de su propia deformidad no le ocasionaría una interna postración de bochorno, ni la consciencia de la opuesta belleza le produciría la exaltación de un secreto triunfo del alma. La noción de merecer recompensa, en un caso, no lo llenaría de júbilo, ni, en el otro caso, temblaría ante la perspectiva de un merecido castigo. Todos los sentimientos de esa clase implican la noción de otro sujeto que es el juez natural de la persona que los experimenta, y solamente por simpatia con los laudos de este arbitro de su conducta, puede concebir, ya sea el triunfo de la propia alabanza, ya la vergiienza de la condenaci6n de sf mismo.

SEPTIMA PARTE

DE LOS SISTEMAS DE FILOSOFiAMORAL

SECCIONE III.

DE LOS DIVERSOS SISTEMAS QUE SE HAN ELABORADO RESPECTO DEL PRINCIPIO APROBATORIO INTRODUCCIÓN

La cuestión cuestión más importante en Filosofía Moral, después de la indagación acerca de la naturaleza de la virtud, es la relativa al principio aprobatorio, al poder o facultad mentales que hacen que ciertos caracteres nos resulten agradables o desagradables, nos obligan a preferir determinada manera de comportamiento a otra manera distinta, nos conducen a calificar de buena a la una y de mala a la otra y nos llevan a considerar: a la primera, como un objeto digno de aprobación, de honra y recompensa; de culpa, censura y castigo, a la segunda.

Se han dado tres explicaciones diferentes de ese principio aprobatorio. Según

algunos, se aprueban o reprueban las propias acciones, así como las de los otros, solamente por amor a sí mismo o por cierto reconocimiento de su propensión a hacernos felices o desgraciados; según otros, la razón, aquella facultad que nos permite distinguir entre lo verdadero y lo falso, es la que nos habilita para distinguir entre lo conveniente e inconveniente, tanto en los actos como en los afectos; según otros, esa distinción depende totalmente de un inmediato sentimiento y una emoción, y obedece a la satisfacción o aversión que nos inspira la contemplación de ciertos actos y emociones. El amor a sí mismo, la razón y el sentimiento, por lo tanto, son los tres diferentes orígenes que se han señalado al principio aprobatorio.

Pero antes de que proceda a examinar estas distintas doctrinas, debo advertir que la elucidación de esa segunda cuestión, aunque de la mayor importancia especulativa, no tiene ninguna en la práctica. La cuestión relativa a la naturaleza de la virtud, necesariamente influye en nuestra noción del bien y del mal en muchos casos particulares. La relativa al principio aprobatorio, no puede tener el mismo efecto. Examinar de qué artificio o mecanismo interior proceden esas diversas nociones y sentimientos, es asunto de mera curiosidad filosófica.

CAPÍTULO I

DE LOS SISTEMAS QUE DERIVAN EL PRINCIPIO APROBATORIO DEL AMOR A SI MISMO

No todos los que explican el principio aprobatorio por el amor a sí mismo lo hacen de la misma manera, y hay bastante confusión e inexactitud en los diversos sistemas. Según Mr. Hobbes y muchos de los que le siguen[2], el hombre se ve impulsado a refugiarse en la sociedad, no por ningún amor natural hacia sus semejantes, sino porque, faltándole la colaboración de los otros, es incapaz de subsistir holgadamente y al abrigo de todo peligro. Por este motivo, la sociedad se convierte en una necesidad para él, y cuanto propenda al sostén y bienestar sociales, es considerado como cosa que remotamente fomenta su propio interés; por lo contrario, todo aquello que amenaza con perturbar o destruir la sociedad, lo considera en cierta medida dañino y pernicioso a sí mismo. La virtud es el gran sostén y el vicio el gran perturbador de la sociedad humana. La primera, por lo tanto, es aceptable, y el segundo ofensivo para todos los hombres, puesto que de la una prevé la prosperidad y del otro la ruina y confusión de todo lo que tan necesario es para la comodidad y seguridad de su existencia.

Que la propensión de la virtud a fomentar, y del vicio a perturbar el orden social

—cuando es examinada la cosa con calma y filosóficamente—, refleje una gran belleza sobre la una y una gran deformidad sobre el otro, es punto que, como ya lo he advertido anteriormente, no puede ser aducido en esta cuestión. La sociedad humana, considerada desde cierto punto de vista abstracto y filosófico, se nos presenta como una inmensa máquina cuyos ordenados y armoniosos movimientos producen innúmeros efectos agradables. Y así como en cualquier otra bella y noble máquina producida por el arte humano, de todo aquello que propendiese a facilitar sus movimientos haciéndolos parejos y fáciles derivaría cierta belleza a causa de ese efecto, y, por lo contrario, todo aquello que propendiese a obstruccionarlos desagradaría por ese motivo; así la virtud, que, como quien dice, es el fino acabado del engranaje social, forzosamente agrada, mientras que el vicio, cual vil orín que lo hace trepidar y rechinar, necesariamente ofende. Esta explicación, pues, del origen del principio aprobatorio o reprobatorio, en cuanto lo deriva de un respeto al orden social, se entronca con aquel principio que concede belleza a la utilidad y que ya expliqué en ocasión anterior; y de ahí es de donde esta doctrina saca toda esa plausibilidad que posee. Cuando esos autores describen las innumerables ventajas que la vida culta y social tiene sobre la salvaje y solitaria; cuando se extienden sobre la necesidad de la virtud y el orden como sostenes de la primera, y demuestran cuán infaliblemente propende el predominio del vicio y desobediencia a las leyes a implantar de nuevo la segunda, el lector se siente fascinado con la novedad y magnificencia del paisaje que ponen ante su vista: claramente ve una nueva belleza en la virtud, y una nueva deformidad en el vicio que nunca antes había advertido, y, por lo general, tan encantado está con el descubrimiento, que por rareza se detiene a reflexionar en que, si antes no había reparado en esta visión política, es imposible que sea el fundamento de la aprobación y reprobación con que siempre ha estado acostumbrado a considerar aquellas diversas cualidades.

Por otra parte, cuando esos autores derivan del amor a sí mismo el interés que sentimos por el bienestar social y el aprecio que por ese motivo testimoniamos a la virtud, no quieren decir que cuando en esta época aplaudimos la virtud de Catón y abominamos de la infamia de Catilina, nuestros sentimientos sean inducidos de la noción del beneficio que podamos recibir del uno, ni del menoscabo que soportemos a causa del otro. La forma como, según estos filósofos, apreciamos al virtuoso personaje y culpamos al desordenado, no es entendiendo que la prosperidad y el trastorno sociales en aquellas remotas edades y naciones sean influyentes sobre nuestra felicidad o desdicha presentes. Jamás pensaron que nuestros sentimientos estuviesen influidos por el posible beneficio o perjuicio que supusiéramos redundaría en nosotros, bajo el supuesto de haber vivido en aquellas lejanas edades y países; o bien, influidos por los que podrían redundar en nosotros, al pensar que en nuestra vida encontraríamos personas semejantes. En suma, la idea con que esos autores andaban a tientas, pero que no pudieron dilucidar, era esa simpatía indirecta que experimentamos hacia quienes reciben el beneficio o sufren el perjuicio proveniente de la índole tan opuesta de esos personajes, y eso era lo que confusamente señalaban cuando afirmaron que no era la idea del provecho o del sufrimiento lo que incitaba nuestro beneplácito o indignación, sino el concepto o imaginación del posible provecho o sufrimiento en el caso de tener que actuar en compañía de semejantes asociados.

Sin embargo, la simpatía no puede, en modo alguno, considerarse un principio egoísta. Cuando simpatizo con vuestra aflicción o vuestra indignación, puede sostenerse, ciertamente, que mi emoción se funda en amor a mí mismo, porque surge de ese hacer mío vuestro caso, de ese ponerme en vuestra situación y de ahí concebir lo que sentiría en tales circunstancias. Empero, aunque con mucha propiedad se dice que la simpatía surge de un cambio imaginario de situaciones con la persona principalmente afectada, con todo, tal cambio imaginario no se supone que me acontezca a mí, en mi propia persona y carácter, sino en la persona con quien simpatizo. Cuando me conduelo de la muerte de tu hijo, no considero, a fin de poder compartir tu aflicción, lo que yo, persona determinada por mi carácter y profesión, sufriría si tuviese un hijo, sino que considero lo que sufriría si en verdad yo fuera tú, y no solamente cambio contigo de circunstancias, sino de personas y sujetos. Mi aflicción, pues, es enteramente por tu causa y en absoluto por la mía. Por lo tanto, no es en nada egoísta. ¿Cómo puede considerarse que sea pasión egoísta aquélla que no responde a algo que ni siquiera en la imaginación me ha acontecido ni que se refiera a mí en mi propia persona y carácter, sino que en todo atañe a lo que a ti concierne? Un hombre muy bien puede simpatizar con una parturienta, aunque es imposible que se imagine sufriendo en su persona los dolores del parto. De cualquier modo, esta doctrina de la naturaleza humana que deriva todos los sentimientos y afectos del amor a sí mismo, y que tanto ruido ha metido en el mundo, pero que, hasta donde alcanzo, jamás ha sido cabal y distintamente explicada, me parece que ha salido de una confusa y falsa interpretación del mecanismo de la simpatía.

CAPÍTULO II

DE LOS SISTEMAS QUE HACEN DE LA RAZÓN EL PRINCIPIO DE LA APROBACIÓN

ES BIEN sabido que fue doctrina de Mr. Hobbes que el estado de naturaleza es un estado bélico, y que con anterioridad a la institución del gobierno civil no es posible la existencia entre los hombres de una vida social segura y pacífica. Por tanto, la conservación del orden social, según él, consiste en sostener las instituciones políticas, y destruirlas es tanto como dar fin a ese orden social. Mas la existencia del gobierno civil depende de la obediencia que se presta al supremo magistrado. En el preciso momento en que pierde su autoridad, todo gobierno ha cesado. Del mismo modo, pues, que la propia conservación enseña a los hombres a encomiar todo aquello que tienda al fomento del bienestar social y a censurar lo que promete lesionarlo, así ese mismo principio les debería enseñar, si en pensamiento y palabra fuesen consecuentes, a encomiar en toda ocasión la obediencia al magistrado civil y a censurar toda desobediencia y rebeldía. Las nociones mismas de lo laudable y censurable debieran ser idénticas a las de obediencia y desobediencia. Por tanto, las leyes del magistrado civil debieran ser consideradas como las últimas y absolutas normas de lo justo e injusto, del bien y del mal.

Al propagar estas ideas, Mr. Hobbes admitió que su intención fue la de sujetar la conciencia de los hombre de un modo inmediato al poder civil y no al eclesiástico, en cuya turbulencia y ambición aprendió a ver, por el ejemplo de su propia época, la causa principal de los desórdenes sociales. Por este motivo su doctrina era particularmente ofensiva a los teólogos, quienes, a su ve2, no anduvieron cortos en dar rienda suelta con mucha rudeza y encono a la indignación que sentían en su contra. Igualmente ofensiva resultó esa doctrina a los buenos moralistas, puesto que implicaba que no había una diferencia de naturaleza entre el bien y el mal, que éstos eran valores mudables y variables y que dependían de la simple voluntad arbitraria del magistrado civil. Por lo tanto, esta manera de explicar las cosas fue objeto de ataques procedentes de todas partes y con toda clase de armas: por juiciosas razones, así como por rabiosas peroratas.

Para poder refutar una doctrina tan odiosa, hacía falta demostrar que, con anterioridad a toda legislación o institución positiva, la mente estaba dotada por naturaleza de una facultad mediante la cual podía distinguir en determinados actos y afectos, las cualidades de lo bueno, lo laudable y lo virtuoso, y, en otros, las de lo malo, lo censurable y lo vicioso.

Con justicia advirtió el Dr. Cudworth[3] que la ley no podía ser la causa primera de esos distingos, puesto que, bajo el supuesto de tal ley, necesariamente, o bien era debido obedecerla e indebido desobedecerla, o bien indiferente el que la obedeciésemos o desobedeciésemos. Aquella ley cuya obediencia o desobediencia, por nuestra parte, era indiferente, no podía, sin duda, ser la causa de aquellos distingos; pero tampoco podía serlo la ley a la que era debido obedecer e indebido desobedecer, porque hasta en este caso iban implicadas como previas las nociones o ideas de lo bueno y lo malo, y las de ser la obediencia a la ley conforme a la idea de lo bueno y la desobediencia a la de lo malo.

Puesto que la mente posee, con prioridad a toda ley, una noción de esos distingos, parece necesaria consecuencia que esa noción procede de la razón, que es la que indica la diferencia entre el bien y el mal, así como lo hace entre la verdad y el error; y esta conclusión, verdadera en cierto sentido, aunque demasiado precipitada en otro, fue más fácilmente aceptada en esa época en que la ciencia abstracta de la naturaleza humana estaba en pañales, y antes de que las distintas facultades mentales hubiesen sido cuidadosamente examinadas y diferenciadas las unas de las otras. En los días en que se ventilaba con gran calor y vehemencia esta controversia con Mr. Hobbes, no se había pensado en ninguna otra facultad de donde se supusiese que tales ideas podían originarse. Por estos años, pues, vino a ser doctrina en boga que la esencia de la virtud y del vicio no consistía en la conformidad o inconformidad de las acciones humanas con la ley de un superior, sino en la conformidad o inconformidad con la razón, que de este modo fue considerada como primera causa y principio de la aprobación y reprobación.

En cierto sentido, es verdad que la virtud consiste en una conformidad con la razón, y con mucha justicia puede considerarse a esta facultad, en alguna medida, como causa y principio de la aprobación y la reprobación y de todo sano juicio relativo al bien y al mal. Es la razón la que descubre esas reglas generales de justicia según las cuales debemos normar nuestros actos, y por esta misma facultad formamos esas más vagas e indeterminadas ideas de lo que es prudente, de lo que es decoroso, de lo que es generoso y noble, ideas que siempre nos acompañan y a cuya conformidad procuramos modelar, en la medida en que mejor podemos, el tenor de nuestra conducta. Las sentencias morales generalmente admitidas se forman, como toda máxima general, por la experiencia y la inducción. Advertimos en una gran variedad de casos particulares lo que agrada o desagrada a nuestras facultades morales, lo que ellas aprueban o desaprueban, y de esta experiencia establecemos por inducción esas reglas generales. Mas la inducción siempre ha sido considerada como una operación de la razón, y por eso se dice con mucha propiedad que de la razón proceden todas esas sentencias generales e ideas. Éstas, en gran parte, norman nuestros juicios morales, los cuales serían sumamente inciertos y precarios si dependiesen totalmente de algo tan expuesto a variar como son las inmediatas emociones y sentimientos, que los diversos estados de salud y humor son capaces de alterar de un modo tan esencial. Por lo tanto, como nuestros mejores fundados juicios relativos a lo bueno y a lo malo se norman por máximas e ideas obtenidas por una inducción de la razón, puede, con mucha propiedad, decirse de la virtud que consiste en una conformidad con la razón, y, hasta este extremo, puede considerarse a esa facultad como causa y principio de aprobación y reprobación.

Pero aunque, ciertamente, la razón es la fuente de las reglas generales éticas y de todos los juicios morales que por esas reglas formamos, es completamente absurdo e ininteligible suponer que las percepciones primarias de lo bueno y malo procedan de la razón, hasta en aquellos casos particulares de cuya experiencia se sacan las reglas generales. Estas percepciones primarias, así como toda experiencia en que cualquier regla general se funda, no pueden ser objeto de la razón, sino de un inmediato sentido y emoción. La manera como se forman las reglas generales éticas, es descubriendo que en una gran variedad de casos un modo de conducta constantemente nos agrada de cierta manera, y que, de otro modo, con igual constancia, nos resulta desagradable.

Empero, la razón no puede hacer que un objeto resulte por sí mismo agradable o desagradable; la razón sólo puede revelar que tal objeto es medio para obtener algo que sea placentero o no, y de este modo puede hacer que el objeto, por consideración a esa otra cosa, nos resulte agradable o desagradable. Mas nada puede ser agradable o desagradable por sí mismo, que no sea porque así nos lo presenta un inmediato sentido y sensación. Por lo tanto, si en todos los casos particulares necesariamente nos agrada la virtud por ella misma, y si del mismo modo el vicio nos causa aversión, no puede ser la razón, sino un inmediato sentido y sensación, lo que así nos reconcilie con la una y nos extraña del otro.

El placer y el dolor son los principales objetos del deseo y de la aversión; pero éstos no se disciernen racionalmente, sino que se distinguen por medio de un sentido inmediato y una emoción. Si la virtud, pues, es deseable por sí misma, y si, del mismo modo, el vicio es objeto de aversión, síguese que no puede ser la razón, sino el sentido inmediato y la emoción, lo que distingue esas diferentes cualidades.

Sin embargo, como con justicia puede considerarse que hasta cierto punto la razón es principio de aprobación o reprobación, pensóse, debido a una inadvertencia, que estos sentimientos procedían primariamente de una operación de aquella facultad. Corresponde al Dr. Hutcheson el mérito de haber sido el primero que distinguiera con cierto grado de precisión, hasta qué punto puede admitirse que todos los juicios morales proceden de la razón, y hasta qué punto se fundan en un sentido inmediato y una emoción. En sus Illustrations upon the Moral Sense (Ilustraciones sobre el sentido moral) ha explicado esto de un modo tan completo, y, a mi parecer, tan incontestable, que si el asunto todavía provoca controversia, solamente puedo imputarlo a falta de atención a lo que este caballero ha escrito, o bien a una supersticiosa adhesión a ciertas formas de expresión, debilidad no poco común entre los sabios, especialmente en materia tan profundamente interesante como la presente, en la que un hombre curioso no siempre está dispuesto a ceder ni siquiera en la justeza de una sola frase a la que ha estado acostumbrado.

CAPÍTULO III

DE AQUELLOS SISTEMAS QUE HACEN DEL SENTIMIENTO EL PRINCIPIO DE LA APROBACIÓN

Los sistemas que hacen del sentimiento el principio de la aprobación, pueden dividirse en dos distintas clases:

Según algunos, el principio de la aprobación se funda en un sentimiento de naturaleza peculiar; es un poder especial de percepción que la mente ejerce en presencia de ciertos actos o afectos; algunos de éstos impresionan esa facultad de un modo agradable y otros de un manera desagradable; los primeros quedan marcados con los caracteres del bien, de lo laudable y virtuoso; los segundos, con los del mal, lo censurable y vicioso. Tratándose de un sentimiento de naturaleza peculiar, diferente de todos los otros, y como efecto que es de un poder especial de percepción, le dan un nombre particular, llamándole el sentido moral.

Según otros, no hay necesidad, para explicar el principio de aprobación, de suponer la existencia de un nuevo poder de percepción del que hasta entonces no se tuviera noticia. Se imaginan que la Naturaleza obra en esto, como en todos los demás casos, con la más rigurosa economía, y que produce multitud de efectos de una sola y misma causa; y la simpatía, potencia de la que siempre se ha tenido debida cuenta y de la que la mente está manifiestamente dotada, es, piensan, suficiente para explicar todos los efectos atribuidos a aquella facultad especial.

El Dr. Hutcheson[4] se esmeró en probar que el principio de la aprobación no estaba fundado en el amor de sí mismo. También demostró que no podía proceder de una operación racional. Pensó, pues, que no había otro camino que suponer que se trataba de una facultad de especie peculiar con que la Naturaleza dotó a la mente humana, a fin de producir este importante y particular efecto.

Habiendo excluido el amor a sí mismo y a la razón, no se le ocurrió que podía haber alguna de las ya conocidas facultades mentales que pudiese en alguna manera satisfacer ese propósito.

Sin embargo, y a pesar de todo el esmero que este ingenioso filósofo ha puesto en probar que el principio de la aprobación se funda en un poder especial de percepción, en cierta forma análogo al de los sentidos externos, hay algunas consecuencias de su doctrina, aceptadas por él, que posiblemente sean consideradas por muchos como refutación suficiente de la misma. Admite [5] que las cualidades que pertenecen a los objetos de un sentido no pueden, sin incurrir en grave despropósito, atribuirse al sentido mismo. ¿Quién ha pensado jamás en hablar de un sentido de ver negro o blanco, de un sentido de oír fuerte o bajo, o de un sentido de gustar dulce o amargo? Y, según él, resulta igualmente absurdo llamar a

91

nuestras facultades morales virtuosas o viciosas, lo moralmente bueno o malo. Estas cualidades pertenecen a los objetos de aquellas facultades, no a las facultades mismas. Si, por lo tanto, hubiera un hombre tan disparatadamente constituido que aceptara la crueldad y la injusticias como las más altas virtudes, y rechazara la equidad y la humanidad como los más despreciables vicios, una mente así constituida podría ciertamente ser considerada como perniciosa, tanto para el individuo como para la sociedad, y asimismo considerada como extraña, sorprendente y en sí desnaturalizada; pero no podría, sin incurrirse en grave despropósito, calificarse de viciosa o moralmente perversa.

Y, sin embargo, si viésemos a un hombre aclamar una bárbara e inmerecida ejecución que hubiese sido mandada por algún insolente tirano, no nos sentiríamos culpables de grave despropósito al calificar de vicioso y moralmente perverso en alto grado ese comportamiento, a pesar de que sólo fuera la expresión de depravadas facultades morales o de una disparatada aprobación de tan horrible acto, como si fuese noble, magnánimo y excelente. Nuestro corazón, así lo imagino, al ver un espectador como ése, olvidaría momentáneamente su simpatía con el paciente y no sentiría sino horror y aborrecimiento al pensar en criatura tan execrable y vil. Lo detestaríamos aún más que al tirano, quien posiblemente obraba impulsado por las impetuosas pasiones de la envidia, el temor y el resentimiento, y que, por ese motivo, sería más disculpable. Mas los sentimientos del espectador aparecerían por completo inmotivados, y, por lo tanto, más perfecta y absolutamente abominables. No existe perversión de sentimientos o afectos, que nuestro corazón se resistiese más a compartir o que rechazase con más odio e indignación que una de esta especie, y, lejos de considerar semejante constitución mental como algo simplemente extraño o pernicioso y en modo alguno vicioso o moralmente perverso, más bien la consideraríamos como el último y más espantoso extremo de depravación moral.

Por el contrario, los sentimientos morales correctos aparecen de suyo en cierto grado laudables y moralmente buenos. Aquel cuya censura y aplauso en toda ocasión van de acuerdo, con gran exactitud, con el valor o indignidad del objeto, parece merecer, en cierto grado, hasta la aprobación moral. Admiramos la delicada precisión de sus sentimientos morales; sirven de guía a nuestros propios juicios, y, debido a su insólita y sorprendente exactitud, hasta provocan nuestra admiración y aplauso. Ciertamente, no podemos estar siempre seguros de que la conducta de una persona como esa corresponda a la precisión y exactitud de sus juicios respecto a la conducta ajena. La virtud requiere hábito y firme propósito, tanto como delicadeza de sentimientos, y, por desgracia, algunas veces faltan esas primeras cualidades ahí donde la segunda se da con la mayor perfección. Sin embargo, esa disposición de la mente, aunque algunas veces vaya acompañada de imperfecciones, es incompatible con todo lo que sea crasamente criminal, y es la cimentación más feliz para construir sobre ella la superestructura de la perfecta virtud. Hay muchos hombres bien intencionados que se proponen en serio ejecutar cuanto estiman es de su deber, pero que, a pesar de todo, resultan desagradables a causa de la tosquedad de sus sentimientos morales.

Podría decirse, quizá, que aunque el principio de la aprobación no está fundado en un poder de percepción que sea en alguna manera análogo a los sentidos externos, aún podría estar fundado en algún sentimiento especial que respondiese a ese fin particular y a ningún otro. Podría pretenderse que la aprobación y reprobación son un determinado sentir o emoción que surgen en la mente provocados por ciertos sujetos o acciones, y así como al resentimiento podría llamársele sentido de la injuria, o a la gratitud sentido del provecho, así aquéllas podrían muy propiamente recibir el nombre de sentido del bien y del mal, o sea sentido moral.

Pero esta explicación, si bien no está sujeta a las mismas objeciones que la anterior, sí está expuesta a otras igualmente incontestables.

En primer lugar, a pesar de todas las variaciones a que está sujeta una emoción cualquiera, conserva los rasgos generales que la singularizan como emoción de determinada especie, y esos rasgos generales siempre son más conspicuos y notorios que cualquier variación que pudiere experimentar en casos particulares. Así, la ira es una emoción de especie particular, y, consecuentemente, sus rasgos generales siempre son más perceptibles que todas las variantes que pueda experimentar en casos particulares. La ira contra un hombre es, sin duda, algo diferente de la ira contra una mujer, y a su vez diferente de la ira contra un niño. En cada uno de estos tres casos la pasión de la ira en general admite distintas modificaciones según el particular carácter de sus objetos, como el atento observador fácilmente podrá advertir. Pero, a pesar de todo, en todos estos casos predominan los rasgos generales de la pasión. Para distinguir estos rasgos no hace falta una observación sutil; es necesaria, por lo contrario, una atención en extremo delicada para descubrir las variaciones. Todo el mundo advierte aquéllos; casi nadie observa éstas. Por lo tanto, si la aprobación y la reprobación fuesen —como la gratitud y el resentimiento— emociones de una especie particular, distintas de todas las demás, sería de esperar que en todas las variaciones que la una y la otra fuesen susceptibles de sufrir, se conservaran claros, manifiestos y fácilmente perceptibles los rasgos generales que las caracterizan como emociones de determinada especie particular. Empero, de hecho, acontece lo contrario. Si nos atenemos a lo que en realidad sentimos cuando en diversas ocasiones aprobamos o reprobamos algo, descubriremos que, con frecuencia, en un caso nuestra emoción es totalmente distinta a la de otro caso, y que no es posible advertir entre ambos ningún rasgo común. Así, por ejemplo, la aprobación con que miramos un sentimiento tierno, delicado y humano, es bastante distinta de aquella con que recibimos la impresión de un sentimiento que se nos presenta como admirable, osado y magnánimo. Nuestra aprobación por ambos puede, en diversas ocasiones, ser perfecta y completa; pero uno de ellos nos enternece y el otro nos eleva, y no hay ningún parecido entre las emociones que provocan en nosotros. Ahora bien, según la doctrina que he estado procurando demostrar, tal debe, necesariamente, ser el caso. Como las emociones de la persona a la que aprobamos, son, en esos dos casos, opuestas la una a la otra, y como nuestra aprobación procede de la simpatía con esas emociones opuestas, lo que sentimos en un caso no puede en nada parecerse a lo que sentimos en el otro. Empero, esto no podría acontecer si la aprobación consistiese en una emoción peculiar que no tuviese nada en común con los sentimientos objeto de la aprobación, sino que surgiese en presencia de esos sentimientos, a la manera como cualquiera otra pasión surge en presencia del objeto que le es propio. Lo mismo puede decirse respecto a la reprobación. El horror que nos inspira la crueldad, en nada se asemeja al desprecio que sentimos hacia lo ruin. Es una especie muy distinta de discordia la que sentimos en presencia de esos dos diferentes vicios, entre nuestro propio parecer y el de la persona cuyos sentimientos y comportamiento observamos.

En segundo lugar, ya he advertido que no solamente las diferentes pasiones o afectos humanos que son motivo de aprobación o reprobación se nos presentan con el carácter de bondad o perversidad morales, sino que también la aprobación conveniente e inconveniente se presenta a nuestros naturales sentimientos con el sello de esas mismas cualidades. En consecuencia, se me ocurre preguntar ¿cómo es que, según esta doctrina, aprobamos o reprobamos la aprobación misma según sea conveniente o inconveniente? A esta pregunta no hay, me imagino, sino una sola contestación que sea razonable. Será necesario decir que, cuando la aprobación con que nuestro prójimo observa la conducta de un tercero, coincide con la nuestra, es que aprobamos su acto aprobatorio y lo tenemos, en cierta medida, por moralmente bueno; y, por lo contrario, cuando no coincide con nuestros propios sentimientos, lo desaprobamos y consideramos, en cierta medida, moralmente perverso. Debe, pues, admitirse que, por lo menos en este caso, la coincidencia u oposición de sentimientos entre el observador y la persona observada, es lo que constituye la aprobación o reprobación moral. Y si consiste en eso en un caso, yo pregunto ¿por qué no en todos los demás? ¿Qué objeto tiene imaginar un nuevo poder de percepción para explicar esos sentimientos?

Contra toda explicación del principio aprobatorio que quiera hacerlo depender de un sentimiento peculiar distinto de todos los demás, yo objetaría: que es bien extraño que ese sentimiento, sin duda intencionado por la Providencia para ser el principio rector de la naturaleza humana, hubiese pasado hasta ahora tan inadvertido, al grado de carecer de nombre en todos los idiomas. La designación: sentido moral, es de cuño muy tardío, y todavía no puede considerarse forme parte del idioma inglés. La palabra aprobación, sólo desde hace pocos años es propia para denotar con peculiaridad cosas de esta especie. Propiamente hablando, aprobamos todo aquello que nos satisface completamente: la forma de un edificio, la traza de una máquina, el sabor de un plato de carne. La palabra conciencia no denota primariamente alguna facultad moral que nos permita aprobar o reprobar algo. La conciencia implica, ciertamente, la existencia de alguna facultad de esa especie, y significa propiamente nuestro darnos cuenta de haber obrado conforme o contrariamente a sus mandatos. Ya que el amor, el odio, la alegría, la aflicción, la gratitud, el resentimiento y tantas otras pasiones que se supone están todas sujetas a ese principio, han demostrado ser suficientemente importantes para obtener rótulos que nos las dan a conocer ¿acaso no es sorprendente que la reina de todas ellas hubiese pasado hasta ahora tan poco advertida, que, excepción hecha de unos cuantos filósofos, a nadie le ha parecido aún que valga la pena bautizarla con algún nombre? Cuando concedemos nuestra aprobación a algún sujeto o a una acción, los sentimientos que experimentamos, según la doctrina que antecede, tienen cuatro orígenes que en cierto sentido son distintos los unos de los otros. Primero, simpatizamos con los motivos del agente; segundo, compartimos la gratitud de quienes reciben el beneficio de sus actos; tercero, advertimos que su conducta ha sido conforme a las reglas generales por las que esas dos simpatías usualmente actúan, y, por último, cuando consideramos que tales actos forman parte de un sistema de conducta que tiende a fomentar la felicidad del individuo o de la sociedad, tal parece que derivan cierta belleza de esa utilidad, no muy distinta de la que atribuimos a cualquier máquina bien trazada. Una vez descontado, en cualquier caso particular, todo lo que necesariamente debe reconocerse que procede de uno u otro de estos cuatro principios, quisiera saber de buena gana lo que queda de residuo, y sin reservas permitiré que se atribuya ese sobrante al sentido moral o a cualquiera otra facultad privativa, con tal de que alguien determine con toda precisión lo que ese sobrante sea. Quizá fuera de esperarse que, si en verdad existiera esa facultad privativa tal como se supone que lo es el sentido moral, pudiéramos, en algunos casos particulares, sentirlo separado y desprendido de todos los otros, como con harta frecuencia sentimos en toda su pureza y sin mezcla de otra emoción, la alegría, la aflicción, la esperanza y el temor. Esto, me imagino, ni siquiera puede intentarse. Jamás he oído que se aduzca un ejemplo por el que pueda decirse que esta facultad obra por sí sola y sin mezcla alguna de simpatía o antipatía, de gratitud o resentimiento, de percepción del acuerdo o desacuerdo de cualquier acto con uní regla establecida, o, por último, sin mezcla de ese gusto general por la belleza y el orden que, tanto los objetos inanimados como animados, provocan en nosotros.

Hay otra doctrina que intenta dar razón, por medio de la simpatía, del origen de nuestros sentimientos morales, pero que es diferente a la que yo me he esforzado por demostrar. Es aquélla que hace que la virtud radique en la utilidad, y la que explica el placer con que el espectador reconoce la utilidad de cualquier cualidad, por simpatía con la felicidad de quienes resultan afectados por ella. Esta simpatía es diferente tanto de aquella por la que penetramos en los motivos del agente, como de aquella por la que acompañamos en la gratitud a las personas que resultan beneficiadas por sus actos. Se trata del mismo principio que aquel por el que concedemos nuestra aprobación a una bien trazada máquina. Pero ninguna máquina puede ser objeto de una ni otra de esas dos simpatías últimamente mencionadas. En la cuarta parte de esta disertación ya he dado alguna cuenta de esa doctrina.

FIN...

NOTAS

[1] Raro mulieres donare solent

[2] PUFFENDORF, MANDEVILLE.

[3] Inmutable Morality, I, i.

[41 Inquiry concerning Virtue (Indagaci6n referente ala Virtud).

[S] Illustrations upons the Moral Sense, sec. I. (Ilustraciones sabre el sentido moral).

Made in United States
Orlando, FL
30 July 2024

49727166R00059